Los caballeros han muerto

en manos del feminismo

Phillip A. Johansen

Editorial Anuket

Contenido

Introducción

"Un caballero auténtico es aquel a quien, siéndolo, no le importa serlo o no".
El tango de la guardia vieja, Arturo Pérez-Reverte

Historia de los denominados caballeros es una narrativa compleja que traza la evolución de un código moral y social que rige la conducta de los varones en la Europa medieval, que abarca aproximadamente desde el siglo V hasta finales del siglo XV.

Inicialmente arraigada en las tradiciones marciales del período medieval temprano y el panorama sociopolítico del feudalismo, la caballería creció hasta encarnar ideales de lealtad, valor y honor, influyendo no solo en la conducta militar sino también en las producciones culturales y literarias de la época, como los cuentos romantizados del Rey Arturo y el intrincado código del amor cortés.

A medida que el concepto maduró, se convirtió en un Código de Caballería formal que delineaba las expectativas de comportamiento de los caballeros, enfatizando virtudes como la cortesía, la valentía y la generosidad.

Este código no era un conjunto de leyes formales, sino más bien un conjunto informal de normas moldeadas por los valores culturales de la época. El surgimiento de las órdenes de caballería, como la Orden de la Jarretera y la Orden del Toisón de Oro, institucionalizó aún más estos ideales, aunque también se enfrentaron al escrutinio a medida que evolucionaban las realidades militares y cambiaba la naturaleza de la guerra.

De manera controvertida, los ideales de la caballería comenzaron a decaer a finales del período medieval, afectados por los cambios en la guerra, el surgimiento de una clase media mercantil y la creciente desilusión con las visiones románticas de la caballería que se mostraban en la literatura. Críticos como William Worcester lamentaron el declive de los valores caballerescos genuinos, sugiriendo que ya no reflejaban las realidades sociales contemporáneas.

A pesar de este declive, el legado de la caballería continúa resonando en la ética moderna y en las narrativas culturales, fomentando debates actuales sobre su relevancia e interpretación en la sociedad contemporánea.

La noción de caballerocidad, arraigada en la historia y la cultura occidental, ha sido durante siglos un ideal que definía las relaciones entre hombres y mujeres. Este código de conducta, que exaltaba la cortesía, el respeto y la protección hacia la mujer, ha sido objeto de profundas transformaciones a lo largo del tiempo. En las últimas décadas, la irrupción del feminismo y el surgimiento de movimientos sociales como el woke han puesto en tela de juicio este concepto tradicional, generando un intenso debate sobre su validez y pertinencia en la sociedad contemporánea.

En este libro, exploraremos la evolución histórica de la caballerocidad, desde sus orígenes en la Edad Media hasta su adaptación a las nuevas realidades sociales. Analizaremos cómo este ideal se ha visto influenciado por cambios culturales, políticos y económicos, y cómo ha sido reinterpretado a lo largo de los siglos. Asimismo, examinaremos las críticas que el feminismo y otros movimientos sociales han dirigido contra la caballerocidad, argumentando que ésta representa una forma de paternalismo y opresión hacia las mujeres.

Un aspecto central de nuestro análisis será la tensión existente entre la caballerocidad tradicional y los ideales de igualdad y autonomía defendidos por el feminismo. ¿Es posible conciliar estos dos enfoques aparentemente contradictorios? ¿Qué implicaciones tiene para las relaciones de género la desaparición de la caballerocidad como norma social?

Por último, exploraremos el impacto del movimiento woke en la concepción de la masculinidad y la feminidad. ¿Cómo ha influido este movimiento en la forma en que los hombres y las mujeres se relacionan entre sí? ¿Ha contribuido a una mayor igualdad o ha generado nuevas formas de polarización?

A través de un análisis crítico y riguroso, este libro busca ofrecer una visión panorámica de la caballerocidad y su lugar en la sociedad actual. Nuestro objetivo es fomentar un debate informado y constructivo sobre las relaciones de género, y explorar las posibilidades de construir un futuro más justo y equitativo para todos.

Capítulo 1
El nacimiento de la caballerosidad: Orígenes y tradición

La caballerosidad, como concepto, tiene profundas raíces en la historia medieval, aunque sus vestigios han perdurado a lo largo de los siglos. Surgida en Europa en la Alta Edad Media, la caballerosidad no era solamente un conjunto de gestos corteses y ceremoniales; era un código de conducta que estructuraba la vida de los caballeros, aquellos guerreros de la nobleza destinados a proteger su tierra, su rey y su religión. Sin embargo, la caballerosidad trascendió lo militar para convertirse en una norma social que influenció la manera en que los hombres debían comportarse con sus pares y, en particular, con las mujeres.

Origen y contexto histórico

Los orígenes de la caballería se remontan al panorama sociopolítico del período medieval, que abarca aproximadamente desde el siglo V hasta finales del siglo XV. Inicialmente, el concepto de caballería se desarrolló a partir de la tradición épica medieval, en particular en el contexto de la "Cuestión de Francia", que se centraba en cuentos como la Chanson de Geste, que celebraba las hazañas de Carlomagno y sus caballeros.

El surgimiento de la cultura caballeresca

Los caballeros, caracterizados como soldados montados a caballo y con armadura, comenzaron a aparecer en los siglos VIII y IX. El desarrollo del estribo permitió a estos soldados luchar eficazmente mientras permanecían montados, lo que marcó una importante innovación militar. Esta nueva forma de guerra contribuyó al establecimiento del sistema feudal, que proporcionó un grado de seguridad en una época marcada por el caos y las tribus merodeadoras tras la caída del Imperio romano.

Feudalismo y estructura social

El feudalismo, que surgió principalmente en Francia, definió la estructura jerárquica de la sociedad durante la Edad Media. La propiedad de la tierra se convirtió en la principal fuente de riqueza, lo que dio lugar a un sistema en el que los nobles recibían concesiones de tierras (feudos) del rey a cambio de su servicio militar. Este vínculo feudal era fundamental para el ethos caballeresco, ya que enfatizaba la lealtad, el valor y el deber, que más tarde se convertirían en componentes clave de los ideales caballerescos.

Por lo tanto, el surgimiento de la caballerosidad está íntimamente relacionado con la expansión del feudalismo, sistema político y social que dominó Europa entre los siglos IX y XV. En este contexto, el caballero, un guerrero montado y armado, se convertía en la pieza clave de los ejércitos feudales. A cambio de tierras o títulos, estos guerreros juraban lealtad a un señor feudal, ofreciendo protección y su destreza en la batalla. Sin embargo, para consolidar su posición en la sociedad, no bastaba con ser un guerrero eficaz. Era necesario un código que distinguiera al caballero no solo por su capacidad militar, sino también por su virtud, honor y fidelidad.

Este código fue conformándose a partir de una combinación de valores cristianos, ideales guerreros y normas cortesanas. La Iglesia, en particular, jugó un papel crucial en moldear la idea de la caballerosidad. Durante la Edad Media, la Iglesia promovía la figura del caballero cristiano, que no solo debía ser valiente en el campo de batalla, sino también piadoso, justo y defensor de los débiles. La caballerosidad, en este sentido, se convirtió en una herramienta para civilizar a una clase militar a menudo brutal y violenta, dándoles una misión moral más allá de la guerra.

Valores fundamentales del código caballeresco

El Código de Caballería representa las pautas morales y éticas seguidas por los caballeros medievales, desarrollado principalmente entre los siglos XI y XII. Si bien sus orígenes se remontan a tradiciones antiguas, el código de finales de la Edad Media surgió de una síntesis de prácticas marciales germánicas y romanas que enfatizaban la valentía militar, el servicio a los demás y la conducta personal.

En términos generales, el Código de Caballería abarcaba las reglas y costumbres que se esperaban de los caballeros, entre las que se encontraban virtudes como la cortesía, la generosidad, el valor y la nobleza.

Los ideales caballerescos se basaban en un conjunto de valores clave que formaban la base de la caballerosidad:

Lealtad: El caballero debía ser fiel a su señor, su rey y su tierra, así como a la Iglesia. La traición era uno de los peores crímenes que podía cometer un caballero, ya que el código de honor que lo regía dependía de su capacidad para mantener su palabra.

Valor y destreza en el combate: El caballero debía ser un guerrero habilidoso y valiente. La capacidad para luchar en el campo de batalla era un requisito esencial, y los torneos medievales ayudaban a los caballeros a demostrar y perfeccionar estas habilidades.

Generosidad y protección de los débiles: La caballerosidad no era solo un código militar. Se esperaba que los caballeros usaran su fuerza para proteger a los indefensos, como mujeres, niños, ancianos y pobres. Este ideal se vinculaba estrechamente con los valores cristianos de caridad y servicio a los más vulnerables.

Cortesía y respeto hacia las mujeres: Uno de los aspectos más distintivos de la caballerosidad era su énfasis en el trato respetuoso y cortés hacia las damas. Este comportamiento cortesano estaba influido por la tradición del amor cortés, que idealizaba a la mujer como un ser superior que debía ser reverenciado y protegido; en parte, debido a la influencia cristiana hacia el culto de la Virgen María. Sin embargo, este concepto estaba lejos de implicar igualdad de género; más bien, reforzaba la visión de la mujer como objeto de adoración y protección dentro de un sistema patriarcal.

Cabe aclarar, que, la relación entre hombres y mujeres, sumidos en un patriarcado encuentra parte de su razón en que en la edad media el promedio de vida rondaba los 35 años, con gran mortalidad infantil, por lo que se hacía indispensable proteger la salud de la mujer y de sus hijos, a cambio que fuera el hombre el que corriera con los riesgos de la defensa exterior del hogar y del reino. De esta necesidad, a su extensión a otros sectores de la vida, solo fue cuestión de tiempo.

Honor y justicia: La justicia y el honor eran principios fundamentales que guiaban las acciones de un caballero. El honor era visto como un valor personal, un reflejo de su integridad y rectitud. El código caballeresco también dictaba que los caballeros debían ser justos en sus tratos, tanto con aliados como con enemigos.

La influencia del amor cortés

El concepto de amor cortés, un fenómeno literario y social que surgió entre los siglos XI y XIII, principalmente en las cortes de Francia y Provenza idealizaba el amor y celebraba las experiencias emocionales de los caballeros y las mujeres nobles. Los trovadores desempeñaron un papel importante en este fenómeno cultural, componiendo poesía que ensalzaba las virtudes del amor noble y casto, a menudo dirigido a figuras inalcanzables.

El entrelazamiento de estas narraciones románticas con los cuentos de caballerías contribuyó a la evolución de la definición de caballería, que enfatizaba no solo la destreza marcial sino también los estándares morales y éticos que se esperaban de los caballeros. A medida que la caballería evolucionó, se convirtió en un conjunto complejo de ideales y prácticas, que influyeron profundamente en la sociedad medieval y su producción cultural, incluida la literatura, el arte y la formación de órdenes de caballería, lo que solidificó aún más su importancia en la historia europea.

El amor cortés exaltaba una relación idealizada entre un caballero y una dama, en la que el caballero se veía impulsado a realizar grandes gestas para ganar el favor de su amada. Este amor solía ser platónico y distante, y en muchas ocasiones la dama era una mujer casada, lo que le confería un carácter prohibido y, al mismo tiempo, más romántico.

La literatura de amor cortés reforzaba la noción de que el caballero debía tratar a las mujeres con reverencia y respeto, una actitud que, si bien podía parecer admirativa, también consolidaba las desigualdades de poder entre hombres y mujeres. Las mujeres, en el contexto del amor cortés, eran vistas como musas inalcanzables cuya función era inspirar la virtud y los actos heroicos en los caballeros, pero su rol era esencialmente pasivo.

Caballerosidad, poder y control social

Desde una perspectiva sociológica, la caballerosidad puede interpretarse como una forma de control social.

El código caballeresco servía para regular el comportamiento de los caballeros, garantizando que sus habilidades militares no se usaran de forma descontrolada, sino que fueran canalizadas hacia el servicio de los señores feudales y la Iglesia. A través de la caballerosidad, la violencia inherente a la clase guerrera se transformaba en un instrumento de poder que, al mismo tiempo, afirmaba el dominio sobre los sectores más vulnerables de la sociedad, como campesinos y mujeres.

Al imponer un ideal de protección y respeto hacia las mujeres, la caballerosidad también reforzaba las jerarquías de género. Si bien la mujer era elevada en el discurso caballeresco, seguía siendo vista como un ser dependiente que requería la protección y guía del hombre. De este modo, la caballerosidad contribuía a consolidar el patriarcado, legitimando un sistema en el que los hombres mantenían el poder sobre las mujeres, pero bajo un velo de nobleza y devoción.

Relevancia contemporánea

A pesar de la decadencia de la clase caballeresca medieval, los principios de la caballería aún resuenan hoy en día, sirviendo como pautas éticas que alientan a las personas a esforzarse por el honor y la integridad en sus vidas personales y profesionales.

Conceptos como la lealtad, la justicia, el coraje y la generosidad siguen siendo fundamentales en la ética moderna y en las relaciones interpersonales, y reflejan una aspiración eterna de encarnar las virtudes representadas en el Código de Caballería.

El nacimiento de la caballerosidad fue un proceso multifacético que respondió a la necesidad de organizar y civilizar a la clase guerrera de la Europa medieval. Al combinar ideales cristianos, valores guerreros y normas cortesanas, la caballerosidad se convirtió en un código de conducta que definió el comportamiento de los hombres de la nobleza durante siglos. Aunque muchas de sus prácticas y valores han desaparecido o se han transformado, la esencia de la caballerosidad sigue siendo objeto de debate y reflexión en las discusiones contemporáneas sobre el género, la moral y la cortesía en las relaciones humanas.

Capítulo 2
Evolución de la caballerosidad
a través de los siglos

La caballerosidad, tal como fue concebida en la Edad Media, no ha permanecido estática. Con el paso de los siglos, su significado y sus manifestaciones han cambiado, adaptándose a las transformaciones sociales, políticas y económicas. Desde sus inicios como un código militar para la nobleza, la caballerosidad evolucionó en una serie de valores asociados al comportamiento masculino, influenciada por factores tan diversos como el cristianismo, la Revolución Industrial y el surgimiento de los movimientos feministas. En este capítulo, exploraremos cómo la caballerosidad ha cambiado desde la Edad Media hasta el presente, y cómo estas transformaciones reflejan los cambios en las estructuras de poder, género y clase.

Caballerosidad medieval: Una base militar y cristiana

En su forma original, la caballerosidad era un código de conducta que regulaba el comportamiento de los caballeros medievales, centrado en la lealtad, el honor y la defensa de los débiles, especialmente de mujeres y niños. Su función principal era militar y social: los caballeros servían a sus señores feudales y a la Iglesia, protegiendo sus tierras y el orden establecido. Sin embargo, el componente religioso añadido al código caballeresco no solo moderó la violencia inherente a la clase guerrera, sino que también introdujo elementos de moralidad cristiana, como la piedad y la caridad.

A medida que el feudalismo se consolidaba, la caballerosidad fue adquiriendo un carácter más refinado, especialmente en las cortes europeas. Aquí surgió el concepto del "amor cortés", que idealizaba las relaciones entre caballeros y damas. El caballero no solo era un protector, sino también un servidor devoto de la mujer, aunque en un contexto en el que la desigualdad de género era la norma. En este sentido, la caballerosidad medieval consolidaba el poder masculino, al tiempo que relegaba a las mujeres a un papel idealizado pero pasivo.

Órdenes de caballería

Las órdenes de caballería surgieron como instituciones formales a finales del período medieval, reflejando los ideales de la caballería a través de códigos de conducta estructurados y obligaciones mutuas entre los caballeros. Uno de los primeros ejemplos es la Orden de la Jarretera, fundada por Eduardo III en 1348 para inspirar a los nobles a luchar en Francia. Los miembros de esta orden eran seleccionados por sus virtudes caballerescas, entre ellas el coraje y la lealtad, y hacían un juramento solemne de defender los estatutos de la orden.

Órdenes notables

- **La Orden de la Estrella**

Fundada entre 1350 y 1364, la Orden de la Estrella tenía como objetivo promover la caballería y el honor entre sus miembros. Incluía una cláusula controvertida que prohibía la retirada en batalla, lo que, aunque era un principio noble, a menudo conducía a desenlaces desastrosos, como las pérdidas significativas durante la batalla de Bretaña en 1353.

- **La Orden del Toisón de Oro**

La Orden del Toisón de Oro, fundada en Brujas por Felipe el Bueno, duque de Borgoña, se creó para celebrar su matrimonio con Isabel de Portugal. Esta orden sigue existiendo hoy en día. Felipe definió doce virtudes caballerescas para la orden, entre ellas la fe, la justicia y el valor, que debían guiar a sus caballeros en su conducta.

Impacto en la cultura militar

Las órdenes de caballería desempeñaron un papel crucial en la configuración del ethos militar de su tiempo, influyendo tanto en el campo de batalla como en la vida civil. A finales del período medieval, los principios de la caballería habían comenzado a verse cuestionados por las realidades de la guerra, como lo demuestra la batalla de Agincourt en 1415, donde el rey Enrique V ordenó la ejecución de más de 3000 prisioneros franceses, incluidos caballeros. Esta acción contradecía claramente el código de caballería y ponía de relieve un alejamiento de los ideales caballerescos tradicionales en la conducta militar.

Influencia en las organizaciones militares posteriores

Las costumbres y estructuras establecidas por las órdenes de caballería sentaron las bases de las organizaciones militares modernas. La jerarquía y los códigos de conducta que observaban estas órdenes medievales todavía se pueden ver en las unidades militares de élite contemporáneas, que a menudo se consideran una forma de nobleza moderna entre las fuerzas armadas.

La caballería en la literatura

La literatura caballeresca abarca un rico género que celebra los ideales y valores de la caballería, incluidos la valentía, el honor y el amor cortés. Este género, que se originó en el período medieval, refleja los cambios culturales durante la transición de las tradiciones orales a las escritas, en las que las narraciones que presentaban caballeros, misiones y dilemas morales cobraron protagonismo.

Desarrollo de temas caballerescos

A finales de la Edad Media, los manuscritos iluminados habían desempeñado un papel importante en el establecimiento de valores caballerescos que impregnaron la cultura aristocrática e influyeron en las normas e ideales sociales.

Los ciclos literarios conocidos como la Materia de Francia y la Materia de Gran Bretaña, en particular los cuentos que rodeaban al Rey Arturo y sus caballeros, popularizaron los temas caballerescos y establecieron un marco para obras literarias posteriores.

Características del romance caballeresco

Las novelas de caballería suelen centrarse en protagonistas heroicos que se embarcan en peligrosas misiones, lo que ilustra temas como el amor cortés y la búsqueda del honor. Estas narraciones muestran un desarrollo de personajes intrincado y estructuras narrativas que influyeron significativamente en la literatura del inglés medio.

Muchas obras, como Sir Gawain y el Caballero Verde, La muerte de Arturo de Sir Thomas Malory y las obras de Ludovico Ariosto, resaltan la forma romántica y el arquetipo de la búsqueda del héroe, sirviendo como reflejos de los ideales y aspiraciones de su tiempo.

Influencia y legado

El impacto de la literatura caballeresca se extiende más allá de su contexto histórico inmediato, influyendo en las tradiciones literarias posteriores y dando forma a las percepciones modernas de la era medieval. Autores como Dante, Spenser y Tennyson se han basado en temas caballerescos, integrándolos en el tejido de la literatura contemporánea.

A pesar de haber pasado por períodos de decadencia, como a principios del siglo XVII, cuando Miguel de Cervantes los parodió en El Quijote, los tropos románticos establecidos por las narraciones caballerescas siguen siendo parte integral de la comprensión moderna de la cultura medieval, evocando imágenes de caballeros, doncellas en apuros y aventuras heroicas.

La romantización de la caballería

La novela caballeresca es un género de la literatura medieval que personifica los ideales y las aventuras de los caballeros, a menudo entrelazados con temas de amor romántico, valentía y búsqueda del honor. Estas narraciones suelen presentar protagonistas heroicos que se embarcan en peligrosas misiones, lo que refleja los valores de la caballería que prevalecían en la sociedad medieval.

Los cuentos se caracterizan por su intrincado desarrollo de personajes y estructuras narrativas complejas, lo que marca una evolución significativa en la literatura del inglés medio que influyó en obras literarias posteriores.

Evolución del romance caballeresco

El género surgió como una forma distintiva de narrativa en las cortes nobles de la alta Edad Media y principios de la Europa moderna, inicialmente escrita en idiomas como el francés antiguo y luego se expandió para incluir inglés, español e italiano.

Los primeros romances a menudo se centraban en temas folclóricos, incluidos caballeros, mujeres místicas y criaturas mágicas, y gradualmente fueron cambiando para resaltar temas de amor cortés y viajes heroicos.

A finales del período medieval, los romances caballerescos comenzaron a enfatizar la interacción entre el amor y la conducta caballeresca, entrelazando los ideales románticos con los códigos morales que se esperaban de los caballeros.

Esta evolución estuvo marcada por un cambio de los cuentos épicos centrados únicamente en el valor militar a narrativas que celebraban el honor personal, la lealtad y el poder ennoblecedor del amor.

Obras y autores destacados

Entre las obras más importantes del género del romance caballeresco se incluyen Sir Gawain y el caballero verde, que combina elementos de la leyenda artúrica con complejidad moral, y los influyentes textos de Chrétien de Troyes, que introdujo caracterizaciones matizadas y un énfasis en el amor cortés.

Los escritos de Geoffroi de Charny, en particular su Libro de Caballería, articularon aún más las virtudes y prioridades de la caballería durante el siglo XIV, enfatizando la importancia de la habilidad marcial y la conducta noble.

Impacto en la literatura y la cultura

Los romances caballerescos desempeñaron un papel crucial en la configuración de la literatura medieval y la cultura popular, sirviendo como modelos para obras literarias posteriores y continuando, influyendo en las narrativas actuales. Los ideales romantizados de la caballería, que abarcan el honor, la lealtad y la búsqueda de la satisfacción romántica, están profundamente arraigados en el imaginario colectivo de la época medieval y más allá, lo que resalta el legado duradero de este género literario.

Decadencia de la caballería

La caballería, que en su día fue un importante código de conducta para los caballeros medievales, comenzó a experimentar un notable declive durante el período medieval tardío. Este declive puede atribuirse a varios factores interrelacionados.

Una de las razones más importantes de la decadencia de la caballería fue la naturaleza cambiante de la guerra. A medida que las armas de fuego ganaron prominencia en el campo de batalla, las virtudes tradicionales y las habilidades de combate asociadas con la clase caballeresca perdieron relevancia. El auge de las armas de pólvora cambió las estrategias militares, disminuyendo la importancia de la caballería fuertemente blindada y los ideales de valor personal que celebraba la caballería.

La transición al Renacimiento: Cambios culturales y sociales

La aparición de una clase media mercantil erosionó aún más la estructura social feudal que había sustentado la caballería. A medida que las ciudades y los pueblos crecieron, los comerciantes y artesanos ganaron riqueza e influencia, desafiando a la aristocracia tradicional. Este cambio económico redujo la relevancia de los ideales caballerescos, que estaban estrechamente vinculados a la clase noble y sus valores.

- **Creciente cinismo y desilusión**

El período medieval tardío se caracterizó por un creciente cinismo y desilusión con respecto a la visión idealizada de la caballería y el amor cortés que se mostraba en la literatura. Esta desconexión con las realidades cotidianas llevó a un cuestionamiento de los valores propugnados por la literatura caballeresca. Los ideales antaño celebrados de honor, lealtad y servicio comenzaron a verse como obsoletos, dando paso a un enfoque más egoísta de la vida.

- **Literatura y crítica**

A pesar de un resurgimiento de la literatura caballeresca a finales del siglo XV, surgieron críticas sobre el declive de los verdaderos valores caballerescos. William Worcester (cronista y anticuario inglés), por ejemplo, criticó a la nobleza a finales del siglo XV, sugiriendo que la caballería genuina era una reliquia del pasado y ya no reflejaba las realidades contemporáneas.

La literatura que celebraba la caballería a menudo se contrastaba con obras que la retrataban como cada vez más desconectada de los valores y comportamientos de la época.

Legado de caballería

Con el declive del sistema feudal en el siglo XV y el surgimiento del Renacimiento, el papel de los caballeros comenzó a cambiar. Las guerras medievales, que habían dominado la vida de los caballeros, fueron reemplazadas por ejércitos mercenarios y sistemas más organizados de guerra estatal. Como consecuencia, el concepto de caballerosidad perdió su relevancia estrictamente militar, pero no desapareció. De hecho, durante el Renacimiento, la caballerosidad se transformó en un ideal de comportamiento cortesano que integraba habilidades como la diplomacia, el refinamiento cultural y el comportamiento civilizado.

La figura del "caballero" en esta época estaba más asociada con la nobleza y la cortesía que con la guerra. Las novelas de caballería, como las escritas por Miguel de Cervantes, satirizaban la obsolescencia de la caballería medieval, reflejando el distanciamiento entre la imagen idealizada del caballero y la realidad social de la época. Sin embargo, el ideal caballeresco persistía como un modelo de virtud masculina, cada vez más enfocado en la etiqueta social y las interacciones civilizadas, más que en la guerra o la defensa física.

En definitiva, si bien los principios fundamentales de la caballería (como la lealtad, el honor y el deber) siguieron influyendo en la cultura militar moderna, el contexto social en el que prosperó la caballería había cambiado irrevocablemente. Los códigos de conducta que alguna vez definieron a los caballeros se transformaron en nuevas interpretaciones, a menudo desconectadas de sus significados originales, que reflejaban valores y normas sociales en evolución.

La Ilustración y la transformación de la caballerosidad

El siglo XVIII, con la Ilustración, marcó otro giro en la evolución de la caballerosidad. Los ideales de igualdad y racionalidad promovidos por los pensadores ilustrados desafiaron las jerarquías feudales y los valores asociados a la nobleza. Sin embargo, la caballerosidad no desapareció, sino que fue reinterpretada. Los hombres de la clase alta seguían adhiriéndose a un código de conducta que enfatizaba la cortesía, pero este código ahora era más universal, aplicado a las clases acomodadas en general y no solo a los caballeros militares.

Durante este periodo, la caballerosidad también comenzó a enfatizar las responsabilidades morales de los hombres hacia las mujeres y los niños. En lugar de simplemente protegerlos, se esperaba que los hombres los trataran con justicia y respeto, lo cual reflejaba el cambio hacia una sociedad más ordenada y "civilizada". Sin embargo, estas responsabilidades seguían basándose en la desigualdad de poder entre géneros. El hombre seguía siendo visto como el protector y la figura de autoridad, mientras que la mujer permanecía en un rol de dependencia.

La era victoriana: Moralidad y caballerosidad

La caballerosidad experimentó otro cambio significativo durante la era victoriana del siglo XIX. La Revolución Industrial transformó las estructuras sociales, y la nueva clase media adoptó los ideales caballerescos de la nobleza, reinterpretándolos para encajar con las estrictas normas morales de la época. Durante este tiempo, la caballerosidad se centraba en la moralidad y el autocontrol. Los hombres victorianos debían ser honorables, discretos y, sobre todo, protectores de la "virtud femenina".

El concepto de la "esfera separada" era clave en la visión victoriana de la caballerosidad. Las mujeres eran vistas como seres moralmente superiores, pero al mismo tiempo vulnerables, cuya pureza debía ser salvaguardada por los hombres. Esta idea reforzaba las jerarquías de género, a pesar de que, en algunos casos, las mujeres comenzaban a tener mayor visibilidad en el ámbito público.

Nuevamente encontramos cierta lógica en esta supuesta desventaja o sumisión femenina. En un tiempo en donde los medios anticonceptivos no existían, era necesario proteger a la mujer de embarazos no deseados, y preservarla para quien sintiera verdadero afecto por ella, que, en caso de embarazo, no la abandonaría, y se quedaría para protegerla junto a su hijo. Esta necesidad se convirtió en la "virtud" que la mujer debía preservar. Por otro lado, no solo afecto debía ofrecer el candidato, sino demostrar que valía la pena seleccionarlo como compañero. En ese sentido, si el hombre traía consigo una historia de conquistas femeninas, significaba que otras lo habían deseado, por lo que este hombre se destacaba entre otros.

Siglo XX: La crisis y reinvención de la caballerosidad

El siglo XX trajo consigo guerras devastadoras, la expansión de los derechos civiles y el ascenso de los movimientos feministas, todos los cuales desafiaron profundamente el ideal tradicional de la caballerosidad. Las Guerras Mundiales desmantelaron muchas de las jerarquías sociales del pasado, y los hombres ya no podían reclamar su lugar como protectores exclusivos, ya que las mujeres jugaron roles fundamentales en la industria, la economía y el esfuerzo bélico.

Además, los movimientos feministas del siglo XX comenzaron a cuestionar el fundamento patriarcal de la caballerosidad. Las mujeres ya no querían ser vistas como seres frágiles o dependientes de la protección masculina. Los principios caballerescos, como abrir la puerta a una mujer o pagar la cuenta en una cita, fueron vistos por muchas como gestos paternalistas que reforzaban la desigualdad de género. A lo largo del siglo XX, la caballerosidad se enfrentó a una crisis, ya que las normas sociales que la sostenían comenzaban a derrumbarse.

Sin embargo, no desapareció del todo. En lugar de eso, la caballerosidad fue reinterpretada en algunos contextos como una forma de respeto mutuo y cortesía entre géneros. Los ideales de protección y devoción hacia las mujeres cedieron en favor de una igualdad más genuina, aunque ciertos gestos caballerescos persistieron como parte del comportamiento social esperado.

Gestos caballerescos tradicionales del hombre hacia la mujer:

•   Abrir la puerta para que la mujer pase primero.

•   Ceder el asiento en transporte público o en espacios concurridos.

•   Ayudar a llevar objetos pesados o bolsas de compras.

•   Ofrecer su abrigo cuando la mujer tiene frío.

•   Caminar del lado de la calle para proteger a la mujer del tráfico.

•   Ofrecer su brazo cuando caminan juntos, especialmente en situaciones formales.

•   Pagar la cuenta en una cita o en una salida.

•   Ayudarla a sentarse moviendo la silla en restaurantes o eventos.

•   Esperar a que la mujer empiece a comer antes de empezar su comida.

•   Abrir la puerta del coche y ayudar a la mujer a entrar o salir del vehículo.

•   Protegerla bajo la lluvia ofreciendo un paraguas o cubriéndola con su abrigo.

•   Hacer cumplidos con respeto y cortesía sobre su apariencia o personalidad.

•   Ceder el paso al entrar o salir de un lugar.

•   Enviar flores o pequeños detalles sin motivo especial, como un gesto de aprecio.

•   Ofrecer su mano para ayudar a la mujer a subir o bajar escaleras o terrenos difíciles.

Estos gestos, aunque valorados en su época, hoy en día están siendo reinterpretados en el contexto de relaciones igualitarias.

Siglo XXI: Caballerosidad en la era del feminismo y el woke

En el siglo XXI, la caballerosidad ha quedado en un terreno incierto. Mientras que algunos ven en ella un anacronismo que refuerza el patriarcado, otros defienden que puede ser reinterpretada como un conjunto de normas de respeto mutuo y consideración entre los géneros. En la era de los movimientos feministas y el auge del movimiento woke, la caballerosidad tradicional ha sido duramente criticada por su implicación en la perpetuación de relaciones de poder desiguales.

El desafío contemporáneo radica en encontrar un equilibrio entre la cortesía y la igualdad. La idea de que los hombres deben proteger o actuar de manera especial hacia las mujeres ya no es compatible con los valores de igualdad de género. Sin embargo, los valores de respeto, empatía y consideración pueden sobrevivir si se redefinen dentro de una relación equitativa y libre de jerarquías de género.

La caballerosidad ha recorrido un largo camino desde su origen en la Europa feudal hasta nuestros días. Ha pasado de ser un código militar a un conjunto de normas cortesanas y morales, pero su evolución ha estado siempre marcada por las jerarquías de poder, clase y género. En el siglo XXI, la caballerosidad sigue siendo objeto de debate, y su futuro depende de cómo se adapte a las demandas de una sociedad que valora cada vez más la igualdad y el respeto mutuo entre todos los individuos.

Capítulo 3
La caballerosidad en la sociedad moderna:
Un vestigio en declive

La caballerosidad, una vez el pilar de la interacción social y el comportamiento masculino, ha sufrido una profunda transformación a lo largo de los siglos. En la sociedad moderna, muchos ven la caballerosidad como un vestigio del pasado, una reliquia de una época en la que las normas sociales y las estructuras de poder eran distintas a las actuales. El concepto de caballerosidad ha sido revisado y cuestionado a medida que los roles de género han cambiado y los movimientos en favor de la igualdad de derechos han ganado terreno. En este capítulo, exploraremos cómo la caballerosidad ha declinado en la sociedad moderna desde una perspectiva histórica y sociológica, y qué factores han contribuido a su aparente desaparición.

La caballerosidad en transición: De la nobleza a la clase media

Durante siglos, la caballerosidad fue un código de conducta exclusivo de la nobleza, asociado principalmente con los caballeros medievales. Sin embargo, con el tiempo, sus valores fundamentales—como el respeto, la protección de los débiles y la cortesía hacia las mujeres—fueron adoptados por la clase media, especialmente durante la era victoriana. La Revolución Industrial y los cambios sociales que trajo consigo contribuyeron a la expansión de estos ideales, ya que las clases emergentes veían en la caballerosidad un modelo de comportamiento masculino que servía para preservar el orden social y moral.

Sin embargo, a medida que avanzaba el siglo XX, el contexto social y económico cambió drásticamente. La creciente movilidad social, el aumento de los derechos civiles y el surgimiento de los movimientos feministas empezaron a desafiar las estructuras que sostenían la caballerosidad. La igualdad entre los géneros comenzó a ganar terreno, y con ella, se cuestionó la idea de que los hombres debían actuar como protectores y guardianes de las mujeres. El papel del hombre caballeroso, que tradicionalmente implicaba ser un "protector" en una relación jerárquica, empezó a verse como un gesto paternalista e innecesario.

La influencia del feminismo y la redefinición de roles de género

Uno de los principales factores que contribuyeron al declive de la caballerosidad en la sociedad moderna fue el impacto del feminismo. Desde la segunda mitad del siglo XX, los movimientos feministas cuestionaron las normas de género tradicionales que sostenían la idea de que los hombres debían comportarse de manera protectora y condescendiente hacia las mujeres. Se argumentó que la caballerosidad, lejos de ser un signo de respeto, perpetuaba la idea de que las mujeres eran más débiles o incapaces de valerse por sí mismas, lo que las mantenía en un papel subordinado en la sociedad.

El feminismo, en su lucha por la igualdad de derechos y oportunidades, promovió la idea de que las mujeres no necesitaban la protección de los hombres, sino que debían tener las mismas oportunidades para tomar decisiones, trabajar y vivir de manera independiente. En este contexto, los gestos caballerescos, como abrir una puerta para una mujer o pagar la cuenta en una cena, comenzaron a ser percibidos por algunos como acciones que reforzaban una dinámica de poder desigual. La igualdad exigía una relación más equilibrada, en la que los roles tradicionales de género fueran superados.

La masculinidad

El concepto de masculinidad ha sido un tema de debate durante siglos, pero en las últimas décadas, se ha hecho más evidente con la aparición de diferentes categorizaciones que intentan definir los tipos de hombres y sus roles en la sociedad. Entre estos conceptos, destacan las categorías de "macho alfa", "beta", "sigma" y otras clasificaciones que han surgido en discusiones en línea y en espacios sociales. Estas etiquetas han capturado la imaginación popular, pero también han suscitado críticas y controversias, ya que simplifican y estereotipan lo que significa ser hombre. A continuación, abordaremos el origen de estas categorías, lo que representan y su impacto en la forma en que los hombres se ven a sí mismos y a los demás.

- **El "Macho Alfa"**

El término "macho alfa" proviene del estudio de la conducta animal, particularmente de especies como los lobos, en las que los líderes de las manadas son dominantes y controlan a otros miembros del grupo. En la sociedad humana, el "alfa" se ha convertido en sinónimo de un hombre que es fuerte, asertivo, exitoso y socialmente dominante. Este tipo de hombre se presenta como el líder natural, aquel que impone su voluntad, atrae la atención de las mujeres, y tiene éxito tanto en el ámbito laboral como en el personal.

En las culturas populares y en ciertos círculos de autoayuda y masculinidad, el alfa es idealizado como el hombre que todos deben aspirar a ser. Los atributos como la confianza en sí mismo, la competitividad y el control emocional se presentan como esenciales para un "macho alfa". Sin embargo, esta figura también puede estar asociada con actitudes de machismo y dominación excesiva, lo que puede reforzar estereotipos de una masculinidad rígida y tóxica que excluye cualquier forma de vulnerabilidad o empatía.

- **El "Macho Beta"**

En contraposición al alfa, el "macho beta" es el hombre que, según los estereotipos, carece de las características dominantes y agresivas que definen al alfa. Se le retrata como alguien más pasivo, reservado y emocionalmente abierto, lo que muchas veces lo coloca en una posición de subordinación, tanto en el ámbito social como en el romántico.

El término "beta" se ha utilizado de forma peyorativa en muchos espacios en línea, especialmente en la Manosphere (el conjunto de comunidades masculinas en línea que discuten temas como las relaciones de género y la masculinidad). A menudo, se presenta a los betas como hombres que son incapaces de liderar o competir, quedando relegados a un segundo plano, tanto en el ámbito laboral como en las relaciones amorosas.

Sin embargo, esta categorización simplificada ignora que muchas cualidades asociadas con el "beta", como la empatía, la cooperación y la sensibilidad, son valores importantes y beneficiosos en muchas situaciones. Ser un "beta" no necesariamente implica una falta de valor o éxito, pero la cultura popular a menudo perpetúa la idea de que ser beta es algo negativo.

- **El "Macho Sigma"**

Más recientemente, ha ganado popularidad el concepto de "macho sigma", que describe a un hombre que posee las cualidades de un alfa, pero que elige no seguir las normas sociales establecidas de liderazgo y dominación. A menudo se le describe como un "lobo solitario", alguien que no busca el reconocimiento o el poder dentro de un grupo, pero que, de todas maneras, posee un alto nivel de confianza y éxito personal.

El sigma es visto como independiente, auto-suficiente y desapegado de las expectativas sociales. A diferencia del alfa, que lidera y busca la validación externa, el sigma no se preocupa por el estatus y prefiere operar al margen de la estructura social. Esta figura es atractiva para aquellos hombres que no se identifican con el papel tradicional de liderazgo del alfa, pero que tampoco desean ser percibidos como betas o subordinados.

El macho sigma es, en muchos sentidos, una respuesta a la creciente diversidad de modelos masculinos que se reconocen en la sociedad contemporánea. A pesar de sus ventajas en términos de independencia y auto-suficiencia, también ha sido criticado por idealizar un estilo de vida solitario y distante, lo que puede fomentar el aislamiento emocional.

- ### **El macho Gamma**

El hombre gamma es visto como alguien inteligente, pero sin habilidades sociales desarrolladas. A menudo se lo percibe como resentido con las estructuras jerárquicas que favorecen a los alfa y sigma. Se le suele asociar con la introversión y la falta de habilidades para la interacción social.

- ### **El macho Delta**

Los hombres delta suelen ser descritos como trabajadores comunes, sin el carisma o la ambición de los alfa o sigma. Tienen un papel funcional en la sociedad, pero no buscan el liderazgo ni destacan en exceso en las relaciones interpersonales.

- ### **El Omega**

En el extremo opuesto del espectro se encuentra el omega, quien es retratado como el individuo marginado, tanto social como románticamente. Este estereotipo se utiliza para describir a hombres que no tienen éxito ni en el ámbito laboral ni en el personal, y que son vistos como los "perdedores" dentro de la jerarquía masculina.

Críticas a las categorías de Alfa, Beta y Sigma

Estas categorizaciones de la masculinidad han recibido fuertes críticas, ya que simplifican y refuerzan estereotipos rígidos sobre lo que significa ser un hombre. Si bien algunos pueden encontrar valor en identificarse con una de estas etiquetas, los críticos argumentan que este marco de clasificación no toma en cuenta la complejidad y diversidad de la experiencia humana.

<u>Simplificación de la identidad masculina:</u> Los hombres no pueden ser reducidos a una sola categoría de alfa, beta o sigma. La identidad de cada persona está formada por una mezcla de características y rasgos que van más allá de la agresividad o la pasividad, el liderazgo o la sumisión.

<u>Refuerzo de roles de género tradicionales:</u> Las categorías tienden a perpetuar estereotipos de la masculinidad tradicional, en la que el hombre debe ser fuerte, dominante y evitar mostrar emociones. Esto no solo es limitante, sino que también contribuye a una visión tóxica de la masculinidad que puede afectar negativamente la salud mental de los hombres.

<u>Desconexión emocional:</u> La presión para ajustarse a una de estas etiquetas puede llevar a los hombres a desconectarse de sus emociones y de sus relaciones. Al enfatizar el poder, la dominación o la independencia, estas categorizaciones pueden fomentar un tipo de comportamiento que excluye la vulnerabilidad, la empatía y la autenticidad.

La Masculinidad en evolución

A medida que avanzamos hacia una comprensión más amplia y diversa de lo que significa ser hombre, es crucial cuestionar y repensar las narrativas que promueven categorizaciones rígidas de la masculinidad. En lugar de encasillar a los hombres en términos de "alfa" o "beta", es más productivo reconocer que la masculinidad puede y debe ser una experiencia multifacética. Los hombres pueden ser líderes y aún mostrar vulnerabilidad emocional, ser independientes sin estar aislados, y ser fuertes sin acallar sus sentimientos.

La masculinidad en el siglo XXI debe reflejar la complejidad y la diversidad de las experiencias humanas, donde los hombres pueden definir sus propios roles y comportamientos sin depender de estereotipos limitantes. Las categorías de alfa, beta, sigma y otras más pueden ser útiles para algunos en su búsqueda de identidad, pero no deben ser los únicos modelos para seguir. En última instancia, el desafío es crear un espacio donde todos los hombres, independientemente de su estilo o enfoque, puedan prosperar, expresarse libremente y construir relaciones saludables y equilibradas.

Cambios en la masculinidad moderna

La redefinición de la caballerosidad en la sociedad moderna también está vinculada a los cambios en la percepción de la masculinidad. El concepto de masculinidad ha sido históricamente asociado con la fuerza, la protección y el liderazgo, todos ellos, valores presentes en la caballerosidad tradicional. Sin embargo, las expectativas sociales sobre lo que significa ser un "hombre" han cambiado radicalmente en las últimas décadas.

Hoy en día, la masculinidad se entiende de manera más diversa y flexible, lo que ha afectado la forma en que los hombres se relacionan con las mujeres y con otros hombres. En lugar de sentirse obligados a desempeñar un papel protector o dominante, muchos hombres se sienten más cómodos abrazando una forma de masculinidad que enfatiza la empatía y la igualdad. Este cambio ha hecho que la caballerosidad, en su forma más tradicional, pierda relevancia, ya que los hombres ya no sienten la misma presión para actuar como los "guardianes" de las mujeres.

Además, el surgimiento de movimientos como el "nuevo hombre" y las iniciativas sobre la salud mental masculina han fomentado una forma de masculinidad que desafía los estereotipos tradicionales. El hombre moderno es cada vez más consciente de la necesidad de relaciones más equitativas y menos basadas en roles de género preestablecidos.

El impacto del movimiento woke y el cuestionamiento de las tradiciones

El movimiento woke, que surgió en el siglo XXI como una pretendida respuesta a las injusticias sociales y la desigualdad, también ha jugado un papel en el declive de la caballerosidad. Este movimiento ha promovido la idea de la igualdad total entre los géneros y ha cuestionado las normas y tradiciones que perpetúan cualquier forma de opresión o desigualdad, incluidos los gestos caballerescos que implican una distinción de poder entre hombres y mujeres.

En el marco de este movimiento, la caballerosidad ha sido criticada por ser un remanente del patriarcado y del machismo, un sistema en el que los hombres ocupaban una posición de poder sobre las mujeres. A medida que las sociedades modernas se esfuerzan por ser más inclusivas y equitativas, las tradiciones que refuerzan los estereotipos de género se ven cada vez más como problemáticas. El movimiento woke ha impulsado una reevaluación de las formas en que interactuamos socialmente, y la caballerosidad, tal como se conocía en el pasado, no se ha escapado de esta revisión crítica.

La caballerosidad en la era digital

Otro factor importante en el declive de la caballerosidad es el impacto de la era digital y la transformación de las relaciones sociales. Las interacciones en línea, a través de redes sociales y aplicaciones de citas, han cambiado drásticamente la forma en que las personas se relacionan y comunican. En este contexto, los códigos sociales tradicionales, incluidos los gestos caballerescos, han perdido relevancia.

La inmediatez y la impersonalidad de muchas interacciones digitales han reducido la necesidad o el espacio para la expresión de cortesías tradicionales. Además, el anonimato en línea ha fomentado una cultura donde el respeto y la cortesía a menudo son relegados, y donde la interacción humana es, en muchos casos, más pragmática que emocional.

¿Un vestigio en declive o una transformación?

A pesar de estos cambios, la caballerosidad no ha desaparecido por completo. En algunos contextos, todavía se valora como una forma de cortesía y respeto mutuo, aunque haya perdido su sentido de "protección" que la caracterizaba en el pasado. Hoy, algunos ven en la caballerosidad una oportunidad para promover el respeto y la empatía, siempre y cuando se desligue de las jerarquías de género.

La pregunta que persiste es si la caballerosidad está en declive porque ya no tiene lugar en la sociedad moderna, o si simplemente está en proceso de transformarse en algo nuevo. En una sociedad que valora cada vez más la igualdad, ¿puede la caballerosidad adaptarse y continuar siendo relevante? O, por el contrario, ¿estamos asistiendo a la desaparición de un vestigio de un tiempo en el que los roles de género estaban claramente definidos?

Capítulo 4
Feminismo y la redefinición
del hombre moderno

El feminismo ha sido una de las fuerzas más influyentes en la transformación social y cultural del siglo XX y XXI, alterando profundamente las normas de género, las relaciones sociales y, especialmente, la percepción de la masculinidad. A medida que las mujeres han luchado y logrado avances hacia la igualdad de derechos y oportunidades, los hombres también han experimentado una redefinición de su identidad, sus roles y su lugar en la sociedad. Este capítulo examina cómo el feminismo ha impulsado una revisión de lo que significa ser un "hombre moderno" desde una perspectiva histórica y sociológica, y cómo esta evolución está afectando las dinámicas de poder, género y relaciones interpersonales.

La irrupción del feminismo: Desafío a las normas de género tradicionales

El feminismo como movimiento social ha pasado por varias olas que han ido redefiniendo sus objetivos y áreas de enfoque. La primera ola, durante el siglo XIX y principios del XX, se centró en los derechos civiles y políticos, como el sufragio femenino. La segunda ola, que comenzó en las décadas de 1960 y 1970, abordó no solo los derechos legales, sino también las normas sociales que oprimían a las mujeres en el ámbito doméstico, laboral y sexual. Fue en este contexto que el feminismo comenzó a desafiar más directamente las construcciones tradicionales de la masculinidad.

Las normas de género que definían a los hombres como protectores, proveedores y figuras de autoridad fueron cuestionadas. El feminismo criticó la idea de que las relaciones entre hombres y mujeres debían basarse en jerarquías de poder, y abogó por una nueva forma de interactuar entre los géneros, basada en la igualdad y el respeto mutuo. Esta crítica no solo desestabilizó las construcciones de la feminidad, sino también las de la masculinidad, al exponer que muchas de las expectativas impuestas a los hombres estaban profundamente vinculadas a sistemas de opresión de género.

Segunda ola feminista y el cuestionamiento de la masculinidad

Con la segunda ola del feminismo, surgió un análisis más profundo sobre cómo el patriarcado no solo afectaba a las mujeres, sino también a los hombres. Las feministas de esta época subrayaron que el sistema patriarcal, al imponer normas de género rígidas, también limitaba la expresión emocional y las opciones de vida de los hombres. Los ideales de masculinidad, basados en la fuerza, el control, el éxito material y la falta de vulnerabilidad, creaban una presión insostenible para muchos hombres, que sentían que debían ajustarse a estas normas para ser aceptados socialmente.

Este cuestionamiento dio lugar al concepto de la "masculinidad tóxica", un término que se refiere a los comportamientos y actitudes de los hombres que resultan perjudiciales para ellos mismos y para los demás. La masculinidad tóxica incluye características como la represión emocional, la agresividad, el dominio sobre los demás y la evitación de cualquier cosa que se considere "femenina". A medida que el feminismo criticaba estas normas, comenzaba a emerger un espacio para una redefinición de lo que significaba ser hombre, uno en el que la empatía, la vulnerabilidad y la igualdad de género podían ser partes centrales de la identidad masculina.

La tercera ola feminista y la interseccionalidad

La tercera ola feminista, a partir de la década de 1990, amplió aún más el enfoque del movimiento, centrándose en la interseccionalidad, es decir, cómo las experiencias de opresión no solo se basan en el género, sino también en la raza, la clase, la sexualidad y otros factores. En este contexto, la redefinición del hombre moderno no solo estaba influenciada por el feminismo, sino también por otros movimientos sociales que abogaban por los derechos de las minorías raciales, las personas LGBTQ+ y otros grupos marginados.

Los hombres también comenzaron a experimentar una mayor diversidad en sus modelos de masculinidad. Ya no existía una única forma aceptable de ser hombre. El activismo social promovió una mayor aceptación de identidades masculinas diversas, como los hombres QUEER, los hombres de color y aquellos que rechazaban los roles tradicionales de género. Este cambio reflejaba el impacto de las luchas feministas y el entendimiento de que los sistemas de opresión afectaban a todas las personas, independientemente de su género.

El hombre moderno y la ruptura con el patriarcado

A lo largo del siglo XXI, el feminismo ha seguido impulsando una revisión de las normas masculinas. Las campañas y movimientos, como "HeForShe" y "MenEngage", han puesto de manifiesto que la lucha por la igualdad de género no solo es una responsabilidad de las mujeres, sino también de los hombres. Estos movimientos han resaltado cómo el patriarcado oprime a ambos géneros, y cómo los hombres pueden desempeñar un papel activo en desmantelar las estructuras que perpetúan la desigualdad.

El hombre moderno se debate entre estar cada vez más dispuesto a cuestionar el patriarcado y sus propias expectativas de género, y su tradición como caballero. Se ha producido una mayor aceptación de la vulnerabilidad emocional, el rechazo de la violencia y la búsqueda de relaciones más equitativas, pero a su vez se han perdidos comportamientos que antaño las mujeres apreciaban. La noción de que los hombres deben ser los "proveedores" está siendo reemplazada por la idea de que pueden compartir las responsabilidades económicas, domésticas y emocionales con sus parejas; aunque muchas mujeres son reticentes a perder sus privilegios ancestrales en el rol femenino. Al mismo tiempo, los hombres están adoptando una mayor paternidad activa, participando más en la crianza de los hijos y redefiniendo el rol del padre como alguien que también es cuidador y emocionalmente presente.

El Machismo en la sociedad: Un obstáculo para la igualdad

El machismo es una ideología que promueve la superioridad de los hombres sobre las mujeres, perpetuando estereotipos de género que limitan las oportunidades y los derechos de ambos sexos. Aunque el machismo afecta principalmente a las mujeres al imponer roles tradicionales que las subordinadas en el hogar, el trabajo y la vida pública, también perjudica a los hombres, ya que les impone expectativas rígidas sobre lo que significa ser "masculino". Este sistema refuerza la idea de que los hombres deben ser dominantes, agresivos y emocionalmente inalcanzables, lo que dificulta la construcción de relación.

En muchos aspectos de la sociedad, el machismo sigue presente. En el ámbito laboral, las mujeres continúan enfrentándose a desigualdades salariales y obstáculos para acceder a puestos de poder. En la vida acoso cotidiano, los comentarios sexistas y el reflejo de una normalización de la violencia de género, que tiene raíces en esta mental.

Para erradicar el machismo en la sociedad, es esencial reconocer que no se trata solo de comportamientos individuales, sino de un problema estructural profundamente arraigado en nuestras instituciones y cultura. Desde los medios de comunicación hasta las leyes, la influencia del machismo se manifiesta en prácticas que refuerzan la desigualdad. Por ejemplo, la representación de las mujeres en la televisión y el cine a menudo las reducen a roles secundarios o las cosifican, mientras que los hombres son retratados como héroes o líderes, perpetuando

Es importante que los hombres se involucren activamente en la lucha contra el machismo, cuestionando sus propios comportamientos y actitudes, y desafiando el entorno social que refuerza estas ideas. El cambio no se logrará únicamente a través de políticas públicas o cambios legales, aunque estos son fundamentales. También requiere un esfuerzo personal y colectivo para transformar las normas sociales y educar a las futuras generaciones en la equidad de género.

La igualdad de género no solo beneficia a las mujeres, sino a la sociedad en su conjunto. Una sociedad que valora y respeta las contribuciones y capacidades de todos sus miembros, independientemente de su género, es una sociedad más justa, creativa y productiva. Superar el machismo nos acerca a ese ideal, donde la equidad, el respeto y la cooperación sustituyen a la opresión y la competencia basada en roles de género tradicionales.

Críticas a la "Igualdad de Géneros": La complejidad de reconocer las diferencias

Aunque la igualdad de género es un ideal ampliamente promovido, ha sido objeto de críticas por algunos sectores que argumentan que no toma en cuenta las diferencias biológicas, psicológicas y sociales evidentes entre hombres y mujeres. Estos críticos señalan que tratar de imponer una igualdad absoluta puede llevar a ignorar aspectos fundamentales de los seres humanos.

Uno de los puntos clave de estas críticas es que hombres y mujeres, en general, tienen diferentes características físicas, hormonales y comportamentales que influyen en sus intereses, habilidades y preferencias. Por ejemplo, algunos argumentan que las políticas de igualdad que buscan paridad en todos los campos, como en el ámbito laboral o educativo, ignoran que puede haber diferencias naturales en la inclinación hacia ciertas profesiones o estilos de vida. Desde esta perspectiva, intentar igualar resultados entre géneros, como tener una distribución 50/50 en todas las profesiones o roles, podría forzar a hombres y mujeres a desempeñar funciones para las que no se sienten atraídos de manera innata.

Por ejemplo, en áreas como la educación o el trabajo, algunos sugieren que las políticas de igualdad que buscan una distribución equitativa de género en todas las profesiones podrían estar ignorando la realidad de que hombres y mujeres, en promedio, tienen inclinaciones distintas hacia ciertos tipos. de empleos. Profesiones como la ingeniería o la enfermería, que normalmente han estado dominadas por uno u otro género, son a menudo el centro de estos debates. La crítica aquí no se basa en mantener roles tradicionales, sino en respetar que las elecciones de carrera pueden estar influenciadas por factores biológicos y no necesariamente por barreras de género impuestas por la cultura imperante.

Asimismo, los críticos destacan que, en la lucha por la igualdad, se ha dejado de lado algunos problemas que afectan a los hombres, como las altas tasas de mortalidad en trabajos peligrosos, los problemas de salud mental o el hecho de que suelen recibir penas más severas por los mismos delitos que las mujeres. Además, en muchos países, los hombres enfrentan desventajas en disputas de custodia de hijos o en sistemas judiciales donde las leyes favorecen a las mujeres en casos de violencia doméstica, alimentando la percepción de que la igualdad promovida no es verdaderamente equitativa.

Estas críticas no buscan deslegitimar la igualdad de género, sino promover un enfoque más matizado que reconozca tanto las diferencias como las similitudes entre los géneros. En lugar de buscar una paridad forzada en todos los aspectos, propone que se respete la diversidad de capacidades y aspiraciones entre hombres y mujeres, permitiendo que cada género alcance su potencial sin la presión de cumplir con cuotas o normas predefinidas.

El desafío de la igualdad de género, según esta visión, no es eliminar las diferencias, sino construir un marco social y legal que permita que tanto hombres como mujeres tengan igualdad de oportunidades para desarrollarse en función de sus propios talentos, deseos y características. En última instancia, la verdadera igualdad debe adaptarse a las realidades naturales y promover un respeto mutuo que permita a cada individuo florecer de acuerdo con sus circunstancias particulares.

Otra corriente de críticos hace referencia a que el feminismo no prosperó como "defensa a los derechos de las mujeres"; sino por una trama creada por el capitalismo del S XIX. Si se observa el nivel de vida de mediados del S XX, una familia tipo, se componía de un padre que trabajaba fuera del hogar, y de una madre que se encargaba del cuidado de la casa y de los hijos. Pocas mujeres trabajaban. Lo que ganaba el marido alcanzaba para una vida plena, adquiriendo su casa y carro en poco tiempo. Los niños crecían al cobijo de una madre presente. Según esta corriente de pensamientos, los capitalistas, al fin de aumentar sus ganancias necesitaban producir más, y para ello requerían mayor mano de obra, poniendo sus ojos en las mujeres que eran amas de casas. Así fue como el movimiento feminista evolucionó, desde sus objetivos de conseguir el voto femenino y mayor libertades, a combatir despiadadamente con el hombre. El nuevo discurso contenía ideas de "patriarcado" y "mundo machista", que sumían a la mujer en el "hogar", y que lo mejor e interesante estaba en el mundo de hombre (12 horas fuera del hogar soportando el mal humor de los jefes y cargando la responsabilidad de que a su familia no le falte nada), que estaba bien contratar una guardería para criar un hijo, en vez de hacerlo ella; y que una alimentación chatarra era igual que la casera.

Así fue como la mujer emigró del hogar para buscar trabajo, haciendo que el mercado laborar se saturase y que los sueldos decayesen por haber exceso de oferta, haciendo que hoy un solo ingreso no alcance, y deban trabajar los dos para conseguir lo básico, porque hasta una humilde casa no se lo puede lograr en solitario.

Masculinidad en crisis: Resistencia y aceptación

A pesar de los avances, no todos los hombres han aceptado la redefinición de la masculinidad que promueve el feminismo. Para algunos, los cambios sociales han generado una crisis de identidad. Movimientos como los "Men's Rights Activists" (Activistas por los Derechos de los Hombres) han surgido en respuesta a la percepción de que el feminismo ha "desplazado" a los hombres, presentando un discurso que sugiere que los varones han perdido poder y estatus debido a la creciente igualdad de género.

Esta resistencia refleja un malestar ante la desaparición de los "privilegios históricos" que han disfrutado los hombres. Sin embargo, también destaca las dificultades que enfrentan algunos hombres para adaptarse a un nuevo orden social en el que ya no se espera que sean dominantes o controladores. Estos hombres pueden experimentar inseguridad o alienación, sintiendo que no tienen un lugar claro en una sociedad que promueve la igualdad y la equidad.

Por otro lado, una parte significativa de la población masculina ha adoptado el cambio, reconociendo que la igualdad de género beneficia a todos. Los hombres que se alinean con los valores feministas se ven a sí mismos como aliados en la lucha por una sociedad más justa, y encuentran nuevas formas de expresar su masculinidad de manera más equilibrada y respetuosa hacia las mujeres y otros hombres.

La cultura del consentimiento y las relaciones modernas

Otro aspecto clave de la redefinición del hombre moderno es la cultura del consentimiento, que ha ganado importancia en las últimas décadas. El feminismo ha abogado por relaciones basadas en el consentimiento mutuo y el respeto, lo que ha transformado las expectativas en torno a las dinámicas de poder en las relaciones sexuales y afectivas. En el pasado, las normas de género a menudo dictaban que los hombres tomaran la iniciativa y las decisiones en las relaciones, mientras que las mujeres debían ser receptivas o pasivas.

Sin embargo, el feminismo ha promovido la idea de que las relaciones deben basarse en la comunicación abierta y el consentimiento entusiasta de todas las partes involucradas. Esto ha desafiado las dinámicas tradicionales de poder, y ha impulsado una reevaluación de cómo los hombres abordan las relaciones amorosas y sexuales. La redefinición del hombre moderno implica, en este sentido, una mayor responsabilidad en la forma en que interactúan en las relaciones y un rechazo de las conductas de dominación o control.

El feminismo ha desempeñado un papel fundamental en la transformación de la masculinidad en la sociedad moderna. Desde desafiar las normas tradicionales de género hasta promover una mayor igualdad y respeto mutuo, el feminismo ha empujado a los hombres a reflexionar sobre su lugar en el mundo y cómo pueden contribuir a una sociedad más justa. La redefinición del hombre moderno no ha sido un proceso sencillo ni uniforme. Ha generado tanto aceptación como resistencia, pero ha abierto nuevas posibilidades para que los hombres puedan ser más auténticos, vulnerables y, sobre todo, igualitarios.

Capítulo 5
El movimiento woke: Desmantelando los códigos tradicionales

El surgimiento del movimiento woke ha representado uno de los fenómenos sociales más relevantes del siglo XXI, promoviendo una profunda reevaluación de las estructuras de poder, las normas de género, las relaciones raciales y los códigos sociales tradicionales. Desde su perspectiva, el movimiento woke busca desmantelar los sistemas de opresión que han prevalecido durante siglos, abordando temas como la desigualdad racial, de género, la discriminación sexual, y el impacto del capitalismo en las vidas de las personas. Este capítulo explora cómo el woke ha redefinido los discursos sociales, los roles de género, y los códigos de comportamiento tradicionales, enfocándose en su impacto en la sociedad contemporánea.

Origen y significado del movimiento woke

El término woke, que en su origen se traduce como "despierto", tiene sus raíces en los movimientos afroamericanos por los derechos civiles en Estados Unidos. Inicialmente, era una advertencia para "despertar" frente a las injusticias raciales y las opresiones sistémicas que afectaban a las comunidades negras. A partir de la década de 2010, woke empezó a expandirse como un término más general que abarcaba una amplia gama de cuestiones sociales y de justicia, incluyendo el feminismo, los derechos LGBTQ+, la justicia climática, y las críticas al capitalismo.

El movimiento woke se ha caracterizado por su enfoque en la interseccionalidad, es decir, la forma en que diferentes sistemas de opresión (como el racismo, el sexismo y la homofobia) se entrelazan y afectan a las personas de manera simultánea. A través de este lente, el woke desafía las normas sociales establecidas y busca rediseñar una sociedad más equitativa, donde las desigualdades históricas y estructurales sean desmanteladas.

Cuestionando la tradición: El desmantelamiento de los códigos tradicionales

Uno de los aspectos más radicales del movimiento woke es su énfasis en la necesidad de desmantelar los códigos tradicionales que han regido la conducta social y las relaciones de poder. Estos códigos incluyen normas patriarcales, estructuras jerárquicas de raza y clase, y las ideas de género binario, que han formado la base de la sociedad occidental durante siglos. El woke desafía estos valores establecidos, argumentando que han sido utilizados históricamente para perpetuar la opresión y la marginación de diversos grupos.

Por ejemplo, el patriarcado, que ha dominado las relaciones de género a lo largo de la historia, ha sido una de las instituciones más cuestionadas por el movimiento woke. Las normas patriarcales no solo limitan a las mujeres, sino que también afectan negativamente a los hombres al imponerles roles rígidos y conductas de dominación. El woke aboga por una disolución de estas expectativas, promoviendo la libertad de expresión de género y el respeto por la diversidad de identidades. En este sentido, el feminismo y el woke se han entrelazado en su lucha por la igualdad y la deconstrucción de las estructuras de poder que se perpetúan en los códigos tradicionales.

Impacto en la masculinidad y los roles de género

Uno de los mayores retos que presenta el movimiento woke es su impacto en los conceptos tradicionales de masculinidad. Durante siglos, los códigos sociales establecieron expectativas claras para los hombres: ser protectores, proveedores y figuras de autoridad. Estas ideas de la masculinidad estaban profundamente ligadas a la idea de control y poder, tanto sobre las mujeres como sobre la sociedad en general.

Sin embargo, el woke ha replanteado la masculinidad, proponiendo un nuevo marco basado en la vulnerabilidad, la empatía y la igualdad. El movimiento rechaza los ideales de la "masculinidad tóxica", que promueven la agresión, la competencia, y la represión emocional como valores masculinos, y en su lugar fomenta una mayor flexibilidad en la expresión del género. Esto ha llevado a una redefinición de los roles masculinos en la sociedad moderna, donde los hombres ya no están obligados a ajustarse a los rígidos patrones de comportamiento establecidos por las generaciones anteriores.

El woke también aboga por una mayor equidad en las relaciones de pareja, donde los hombres y las mujeres comparten responsabilidades de manera equitativa. En lugar de que los hombres sean vistos como los protectores o proveedores únicos, el movimiento promueve relaciones basadas en el consentimiento mutuo, la cooperación y el respeto. Este cambio en las expectativas ha creado una mayor presión para que los hombres reconsideren su rol en la sociedad, adaptándose a un contexto en el que las normas de género tradicionales están en declive.

La interseccionalidad y el desmantelamiento de la opresión estructural

Uno de los aspectos más influyentes del movimiento woke es su enfoque en la interseccionalidad, un concepto desarrollado por la teórica feminista Kimberlé Crenshaw en la década de 1980. La interseccionalidad sugiere que las personas no experimentan la opresión de manera aislada, sino que las diversas formas de discriminación (por género, raza, clase, sexualidad, etc.) se interrelacionan para crear una experiencia única de marginación.

El movimiento woke utiliza esta perspectiva interseccional para desmantelar no solo los códigos tradicionales de género y raza, sino también los sistemas de opresión económica, política y social. Al reconocer la complejidad de las identidades humanas, el woke busca crear un mundo en el que todas las formas de desigualdad sean cuestionadas y eventualmente eliminadas. En este sentido, el movimiento woke no solo pretende desmantelar las estructuras visibles de poder, sino también las microagresiones y los prejuicios implícitos que refuerzan estas desigualdades en la vida cotidiana.

La cultura de la cancelación y sus efectos

Uno de los elementos más controvertidos del movimiento woke es la cultura de la cancelación (cancel culture), una práctica en la que individuos o figuras públicas son "cancelados" o boicoteados debido a comportamientos o comentarios percibidos como ofensivos o moralmente incorrectos. Esta práctica ha generado intensos debates sobre la libertad de expresión, la justicia social y los límites de la rendición de cuentas en la esfera pública.

Los defensores de la cultura de la cancelación argumentan que es una herramienta necesaria para responsabilizar a aquellos que perpetúan el racismo, el sexismo o cualquier otra forma de opresión. Al mismo tiempo, los críticos sostienen que este enfoque puede ser excesivamente punitivo, llevando a consecuencias desproporcionadas, como la pérdida de oportunidades laborales o el exilio social por errores que podrían considerarse como momentáneos o reparables.

Desde una perspectiva sociológica, la cultura de la cancelación refleja la creciente sensibilidad hacia las injusticias sociales en la era digital. Sin embargo, también pone de manifiesto una tensión entre la corrección de errores históricos y la posibilidad de redención. Este fenómeno puede verse como un intento del movimiento woke de desmantelar los códigos tradicionales de poder, donde las figuras públicas eran en gran parte inmunes a las consecuencias por su conducta inapropiada.

El impacto en la estructura de poder: Desde las instituciones hasta la cultura popular

El movimiento woke no solo ha influido en las relaciones interpersonales, sino que también ha penetrado en las instituciones sociales y la cultura popular. Las empresas, los medios de comunicación y las industrias del entretenimiento han respondido a las demandas del movimiento ajustando sus políticas y productos para reflejar un mayor compromiso con la justicia social y la inclusión.

En la cultura popular, las representaciones de género, raza y orientación sexual han cambiado drásticamente en los últimos años. Las narrativas tradicionales de héroes masculinos dominantes y mujeres subordinadas han sido reemplazadas por historias más diversas e inclusivas que celebran una variedad de identidades y experiencias. Esta evolución en las representaciones culturales es parte del proceso de desmantelamiento de los códigos tradicionales promovido por el woke, que busca visibilizar y dar voz a aquellos que históricamente han sido marginados.

A nivel institucional, el woke ha impulsado reformas en áreas como la justicia penal, la educación y la política laboral. Las demandas por una mayor diversidad, equidad e inclusión en el lugar de trabajo han llevado a la implementación de programas de concienciación sobre los prejuicios implícitos y el racismo sistémico. Asimismo, el activismo woke ha influido en las políticas de contratación, buscando reducir las disparidades de género y raza en sectores históricamente dominados por hombres blancos.

Críticas al movimiento woke

Aunque el movimiento woke ha ganado tracción en los últimos años, también ha sido objeto de críticas, especialmente desde sectores conservadores y tradicionalistas. Los críticos argumentan que el woke fomenta una "cultura de la victimización", en la que las personas se centran demasiado en las opresiones pasadas y presentes en lugar de promover el mérito y la individualidad. Además, algunos sostienen que el woke puede polarizar aún más a la sociedad, creando una división entre los "despiertos" y aquellos que se resisten a los cambios sociales.

Otro punto de crítica es la percepción de que el movimiento woke puede caer en el "moralismo", es decir, en la imposición de estándares éticos rígidos que no permiten el debate o la disidencia. Para algunos, esto puede sofocar la libertad de expresión y el pluralismo, valores fundamentales en una democracia. Sin embargo, los defensores del woke sostienen que estos cambios son necesarios para corregir siglos de desigualdad y opresión, y que las críticas a menudo provienen de aquellos que se benefician del statu quo.

El movimiento woke y los caballeros

El movimiento woke ha generado un intenso debate sobre muchos aspectos de la sociedad, y uno de los más discutidos es la manera en que se entiende la masculinidad y, en particular, el papel tradicional del hombre como "caballero". Este movimiento, que pone un fuerte énfasis en la justicia social, la equidad de género y la lucha contra las formas de opresión y discriminación, ha reexaminado críticamente muchos de los roles de género tradicionales, cuestionando su relevancia y su impacto en las dinámicas sociales actuales.

La visión del movimiento woke sobre la masculinidad

Para el woke, la masculinidad tradicional, también conocida como "masculinidad hegemónica", está en gran medida ligada a la perpetuación de estructuras patriarcales que favorecen la dominación masculina y mantienen a las mujeres y a otros grupos marginados en posiciones subordinadas. Este tipo de masculinidad se ha visto históricamente como agresiva, emocionalmente distante, dominante y centrada en el control y el poder. En el contexto del woke, esta visión se critica por ser limitante tanto para los hombres como para las mujeres.

Desde la perspectiva woke, el problema con la masculinidad tradicional radica en que perpetúa estereotipos que no solo refuerzan la desigualdad de género, sino que también crean expectativas dañinas para los propios hombres. Las nociones tradicionales de que los hombres deben ser los proveedores, los protectores y los líderes fuertes tienden a excluir la vulnerabilidad emocional y la empatía, lo que puede conducir a comportamientos tóxicos, como la represión emocional, la agresión y la falta de conexión con las emociones propias y ajenas.

En este contexto, el woke propone una nueva masculinidad, una en la que los hombres se liberan de estos estereotipos y adoptan comportamientos más inclusivos y equitativos. En lugar de centrarse en la dominación o la protección unilateral, el hombre woke se enfoca en la igualdad, en la reciprocidad emocional y en el respeto por los límites y deseos de los demás. Se promueve la vulnerabilidad, la apertura emocional, y se desafían las expectativas de que los hombres deben ser duros, invulnerables y siempre en control.

El rol del caballero bajo el lente del woke

El concepto de caballerosidad tradicional también ha sido objeto de análisis dentro del movimiento woke. Los comportamientos que históricamente se han considerado caballerosos —como abrir la puerta para una mujer, pagar la cuenta o protegerla físicamente— son interpretados a menudo como parte de un sistema patriarcal que refuerza la idea de que las mujeres son frágiles, dependientes y necesitan ser protegidas o cuidadas por los varones. Desde esta perspectiva, la caballerosidad puede ser vista como una forma de paternalismo disfrazado de cortesía.

El problema, según el woke, es que estos gestos, aunque pueden parecer inocentes o incluso generosos, suelen enraizarse en la idea de que los hombres deben ser los protectores y las mujeres las protegidas, perpetuando una dinámica de poder desigual. Al ofrecer constantemente su protección o su ayuda, el hombre caballeroso tradicional puede, inadvertidamente, estar reafirmando la noción de que la mujer no es capaz de valerse por sí misma o que necesita un guía masculino.

En este sentido, el woke promueve una reconfiguración de lo que significa ser "caballeroso" o respetuoso en las relaciones entre hombres y mujeres. En lugar de gestos de cortesía que refuercen las diferencias de género y roles de poder, el movimiento propone que el respeto y la igualdad deben ser los principios rectores de cualquier interacción. La cortesía puede ser mutua y no debe estar basada en suposiciones sobre la incapacidad de un género respecto al otro.

Críticas al enfoque woke sobre la caballerosidad

Sin embargo, no todos están de acuerdo con la interpretación del woke respecto a la masculinidad y la caballerosidad. Algunos críticos del movimiento argumentan que, al desmantelar estos gestos de cortesía, el woke corre el riesgo de eliminar aspectos valiosos de las relaciones humanas. Para algunos, la caballerosidad no es necesariamente una expresión de poder o control, sino una forma de expresar respeto, consideración y aprecio hacia el otro. Desde esta perspectiva, el rechazo a ciertos gestos caballerosos puede percibirse como una negación de las formas tradicionales de interacción que, en su momento, fueron significativas.

También se plantea el argumento de que las diferencias entre hombres y mujeres no deben ser vistas únicamente como una fuente de opresión, sino como una realidad que puede celebrarse y respetarse sin caer en el machismo o el sexismo. Para estos críticos, el woke corre el riesgo de borrar la distinción entre lo que puede ser una dinámica de género positiva y una negativa, demonizando todas las manifestaciones de cortesía o protección simplemente porque están asociadas con los roles de género tradicionales.

La masculinidad y la caballerosidad en el futuro woke

A pesar de las críticas, el movimiento woke ha llevado a una reflexión profunda sobre el impacto de la masculinidad tradicional y la caballerosidad en las dinámicas de poder entre los géneros. El objetivo del woke no es eliminar la cortesía o el respeto en las interacciones entre hombres y mujeres, sino promover una forma de interacción que esté libre de los estereotipos dañinos y las expectativas asfixiantes que tradicionalmente han acompañado estos gestos.

El hombre en el contexto woke puede seguir siendo respetuoso y considerado, pero lo hará desde una postura de igualdad, reconociendo que su pareja no es una "dama en apuros" que necesita ser rescatada, sino un ser humano con plena agencia y autonomía. En lugar de actos caballerosos basados en una percepción de debilidad femenina, los hombres woke pueden mostrar cortesía de una manera que celebre la igualdad y fomente relaciones más equilibradas.

Finalmente, el movimiento woke ha contribuido a la expansión de lo que significa ser hombre en el mundo moderno. Al desafiar las nociones tradicionales de masculinidad y caballerosidad, ha abierto la puerta a nuevas formas de ser hombre que no están ligadas a la dominación o la protección, sino a la colaboración, la empatía y el respeto mutuo. En este sentido, el woke no pretende destruir la caballerosidad, sino reinventarla de manera que esté alineada con los valores contemporáneos de igualdad y equidad.

Movimientos masculinos

Como resultado del feminismo y del movimiento woke, han surgido varios movimientos sociales de hombres que reaccionan ante estos cambios, algunos con el objetivo de redefinir lo que significa ser hombre en el mundo contemporáneo, y otros en forma de resistencia o protesta contra lo que perciben como una amenaza a sus derechos o identidades. A continuación, se analizarán algunos de los movimientos sociales de hombres más destacados que han emergido como respuesta:

• Men's Rights Movement (Movimiento por los Derechos de los Hombres)
Uno de los movimientos más prominentes en esta categoría es el Movimiento por los Derechos de los Hombres (MRM, por sus siglas en inglés). Este movimiento se originó en las décadas de 1970 y 1980 como una reacción directa a la segunda ola del feminismo. Los activistas del MRM sostienen que el feminismo ha contribuido a marginar a los hombres en diversas áreas, como el derecho familiar, el acceso a la custodia de los hijos, los derechos reproductivos y la representación en temas de violencia doméstica.

Los defensores del MRM afirman que las leyes de divorcio y custodia de los hijos tienden a favorecer a las mujeres, dejando a muchos hombres sin acceso a sus hijos. Además, argumentan que el feminismo ha eclipsado la necesidad de abordar problemas específicos que enfrentan los hombres, como las altas tasas de suicidio, el abandono escolar masculino, la discriminación en el lugar de trabajo y la falta de recursos para hombres víctimas de abuso.

Si bien el MRM ha abordado temas importantes, también ha sido criticado por algunas de sus facciones más radicales que adoptan un discurso misógino, culpando a las mujeres y al feminismo de todos los problemas que enfrentan los varones. Esta retórica ha alejado a muchos hombres que, aunque comparten algunas preocupaciones legítimas, no están de acuerdo con una postura de enfrentamiento directo con el feminismo.

- Men Going Their Own Way (MGTOW)
Es un movimiento que aboga por que los hombres se "desconecten" de las mujeres y del sistema social que, según sus miembros, está diseñado para oprimir a los hombres y beneficiar a las mujeres. Los hombres de este movimiento optan por evitar relaciones románticas y, en algunos casos, el matrimonio o la paternidad, como una forma de protegerse de lo que perciben como una cultura hostil hacia los hombres.

MGTOW sostiene que las leyes de divorcio, las normas sociales y las expectativas de género contemporáneas ponen a los hombres en desventaja. En lugar de buscar la equidad de género o la reconciliación con el feminismo, este movimiento promueve la auto-suficiencia masculina y la desvinculación de las mujeres como una forma de empoderamiento personal.

El movimiento MGTOW ha ganado tracción en línea, donde sus miembros comparten experiencias y se animan mutuamente a seguir este estilo de vida. Sin embargo, también ha sido criticado por promover una visión extrema y pesimista de las relaciones entre los géneros, a menudo retratando a las mujeres de manera negativa y fomentando la desconfianza hacia ellas.

- Red Pill y el Manosphere

El concepto de la Red Pill (Píldora Roja) proviene de la película Matrix, en la que el protagonista elige tomar una píldora roja que le revela la "verdad" oculta de la realidad. En el contexto de los movimientos masculinos, el término Red Pill se refiere a una ideología que sostiene que los hombres deben "despertar" y ver la realidad del feminismo y las dinámicas de género contemporáneas.

La Red Pill es parte de la Manosphere, un ecosistema en línea que incluye blogs, foros y videos donde se discuten temas relacionados con los derechos de los hombres, las relaciones, el feminismo y la masculinidad. Los seguidores de la Red Pill creen que el feminismo ha manipulado a los hombres para que se sometan a un sistema que los perjudica, y buscan restaurar lo que consideran el "orden natural" de las relaciones de género.

El enfoque de la Red Pill tiende a ser altamente crítico con el feminismo y promueve una visión de las relaciones interpersonales en la que los hombres deben recuperar el control, evitar el simping (sumisión ante las mujeres) y enfocarse en su propio desarrollo personal y éxito. Si bien algunos en la Manosphere abogan por el empoderamiento masculino, otros han sido acusados de promover ideas misóginas y reducir las relaciones entre hombres y mujeres a dinámicas de poder basadas en el control.

•   Movimientos de la "Nueva Masculinidad"
Frente a las corrientes más reactivas y críticas hacia el feminismo, también han surgido movimientos que buscan redefinir la masculinidad de una manera que se alinee con los valores contemporáneos de igualdad de género y justicia social. Estos movimientos, a menudo descritos como parte de la Nueva Masculinidad, promueven una forma de ser hombre que no está atada a los estereotipos tradicionales de fuerza, dominación y control emocional.

La Nueva Masculinidad aboga por que los hombres se sientan libres para expresar sus emociones, cultivar la empatía y participar en relaciones de apoyo mutuo, sin las cargas de las expectativas patriarcales. Este enfoque también invita a los hombres a ser aliados en la lucha por la igualdad de género, reconociendo que el feminismo no es un enemigo, sino una oportunidad para que los hombres también se liberen de los rígidos roles de género.

Dentro de este movimiento, se destacan iniciativas como HeForShe, promovida por las Naciones Unidas, que busca involucrar a los hombres en la promoción de la igualdad de género y el empoderamiento de las mujeres. Estos esfuerzos reconocen que la lucha por los derechos de las mujeres también puede beneficiar a los hombres al desafiar las limitaciones de la masculinidad tradicional.

• Incels (Involuntary Celibates)

Otro movimiento que ha ganado notoriedad, pero desde una perspectiva más radical y problemática, es el de los Incels (celibatos involuntarios). Este grupo está compuesto por hombres que se sienten frustrados por su incapacidad para encontrar parejas sexuales o románticas y, en muchos casos, culpan a las mujeres y a la sociedad en general por su situación. Los Incels se ven a sí mismos como víctimas de un sistema que prioriza a ciertos tipos de hombres (generalmente los "alfa") y los deja marginados.

El discurso de los Incels a menudo es hostil hacia las mujeres, a quienes acusan de superficialidad o de buscar solo a hombres con ciertas características físicas o sociales. Aunque la mayoría de los Incels no actúan violentamente, algunos miembros de la comunidad han sido vinculados a incidentes de violencia, lo que ha llevado a una mayor atención mediática y a condenas por parte de otros movimientos masculinos.

Los movimientos sociales de hombres que han surgido en reacción al feminismo y al movimiento woke son diversos y complejos. Algunos buscan confrontar y resistir los cambios sociales, mientras que otros intentan encontrar un equilibrio entre la tradición y los valores contemporáneos. Si bien ciertos grupos adoptan posturas más radicales y conflictivas, también hay corrientes que promueven una mayor comprensión de los desafíos que enfrentan los hombres en la sociedad moderna, sin recurrir a la misoginia o al antagonismo.

Lo que queda claro es que el debate sobre la masculinidad y el papel de los hombres en la sociedad está lejos de ser resuelto. A medida que las expectativas de género continúan evolucionando, es probable que veamos una mayor proliferación de movimientos que intenten dar sentido a estos cambios, algunos de ellos impulsando una mayor equidad y otros resistiéndose a lo que perciben como una erosión de los valores tradicionales.

Desmantelando los códigos tradicionales para construir una nueva sociedad

El movimiento woke representa una de las fuerzas más potentes en el desmantelamiento de los códigos tradicionales que han estructurado la sociedad durante siglos. Su enfoque en la interseccionalidad, la justicia social y la equidad ha llevado a una reevaluación fundamental de las normas de género, las relaciones raciales y las dinámicas de poder. A medida que las sociedades continúan adaptándose a las demandas del woke, los códigos sociales tradicionales, basados en la dominación patriarcal y las jerarquías rígidas, están siendo desafiados y redefinidos. No obstante, al parecer, el mundo woke se ha extralimitado, tratando de forzar ideas de que todo lo anterior ha sido malo, sin considerar que la sociedad ha llegado a este punto de evolución practicando el mismo modelo durante siglos ¿Cambiarlo todo no resultará peligroso?

El futuro del movimiento woke y su impacto en la sociedad dependerá en gran medida de su capacidad para equilibrar la justicia social con el respeto por la diversidad de opiniones y la libertad individual.

Capítulo 6
¿Es el fin de la caballerosidad o su renacimiento?
Reflexiones finales

La caballerosidad, una vez considerada un pilar fundamental en las interacciones entre hombres y mujeres, ha experimentado profundas transformaciones a lo largo de la historia. Lo que comenzó como un código de honor entre los caballeros medievales se convirtió en una serie de normas sociales que dictaban la forma correcta en que los hombres debían comportarse hacia las mujeres y otros hombres. Sin embargo, en la sociedad moderna, estas normas se han cuestionado debido a los cambios en los roles de género, la evolución del feminismo y el impacto de movimientos sociales como el woke.

En este último capítulo exploraremos si la caballerosidad ha llegado a su fin, o si en realidad está experimentando un renacimiento bajo nuevas formas que reflejan los valores contemporáneos de igualdad, respeto mutuo y cooperación. Desde una perspectiva histórica y sociológica, se analizarán los elementos que han contribuido al declive de la caballerosidad tradicional y los factores que podrían estar conduciendo a su reinterpretación en el contexto actual.

El declive de la caballerosidad tradicional: Factores históricos y sociales

Históricamente, la caballerosidad estuvo ligada a las jerarquías de poder y los roles de género definidos por la sociedad patriarcal. En la Edad Media, el código de caballería surgió como un conjunto de valores que regulaban el comportamiento de los caballeros, quienes no solo debían mostrar valentía y lealtad en la batalla, sino también cortesía y respeto hacia las mujeres, particularmente hacia las damas de la nobleza. Este comportamiento estaba profundamente arraigado en las expectativas de protección y provisión por parte del hombre.

Sin embargo, con la llegada de la Ilustración y los movimientos feministas del siglo XX, estas normas comenzaron a ser cuestionadas. El feminismo, particularmente en sus olas segunda y tercera, criticó la caballerosidad como una manifestación del paternalismo masculino, en la que se perpetuaba la idea de que las mujeres eran débiles y necesitaban la protección masculina. Esta crítica fue acompañada por la creciente independencia económica y social de las mujeres, quienes exigían igualdad en lugar de ser tratadas como seres frágiles o subordinadas.

Sociológicamente, el avance de los derechos de las mujeres, la diversificación de las familias y el auge del individualismo han alterado las dinámicas de género en las últimas décadas. La caballerosidad tradicional, basada en un sistema de roles rígidos, perdió parte de su relevancia a medida que la sociedad avanzaba hacia una mayor equidad y flexibilidad en las relaciones entre los géneros. En este sentido, se podría argumentar que la caballerosidad ha sido víctima de su propia rigidez y de su incapacidad para adaptarse a los tiempos cambiantes.

El feminismo y la resignificación de la cortesía

Aunque el feminismo ha cuestionado la caballerosidad en su forma tradicional, también ha contribuido a una resignificación del concepto. En lugar de interpretarla como un acto condescendiente, muchas voces dentro del feminismo moderno abogan por una nueva forma de cortesía basada en el respeto mutuo y la igualdad entre los géneros. Esta resignificación implica que tanto hombres como mujeres se traten con dignidad y cortesía, sin la carga de las expectativas de género tradicionales.

Por ejemplo, la caballerosidad moderna ya no gira en torno a la idea de que el hombre debe abrir la puerta para una mujer, sino que cualquier persona, independientemente de su género, puede realizar gestos de amabilidad hacia otra. Este enfoque elimina la jerarquía implícita que subyacía en las normas de género tradicionales y promueve una cultura de cortesía universal que reconoce la humanidad común en lugar de reforzar las diferencias de poder.

Desde esta perspectiva, la caballerosidad no está muriendo, sino evolucionando. Se está transformando de un sistema de comportamiento exclusivamente masculino hacia un conjunto de normas y valores que pueden ser practicados por todos, con un énfasis en la reciprocidad, el respeto y el apoyo mutuo.

El renacimiento de la caballerosidad en la era contemporánea

A pesar de los cambios sociales que han cuestionado los fundamentos de la caballerosidad tradicional, hay indicios de que podría estar experimentando un renacimiento. Este renacimiento no se basa en una restauración de las viejas normas de comportamiento, sino en una adaptación de sus principios fundamentales —respeto, cortesía y apoyo— a las nuevas realidades sociales.

En la actualidad, muchos hombres están revalorizando los comportamientos considerados "caballerosos", no como una obligación impuesta por la sociedad, sino como una elección consciente basada en principios de respeto y empatía. Esto se refleja en prácticas como el cuidado emocional, la disposición para escuchar activamente y el apoyo en las relaciones de pareja, todo ello sin la expectativa de dominar o controlar.

El renacimiento de la caballerosidad también puede observarse en movimientos que promueven una masculinidad más equilibrada, como el concepto de la "nueva masculinidad". Este enfoque se aleja de los estereotipos de la masculinidad tóxica y promueve la idea de que los hombres pueden ser fuertes y vulnerables al mismo tiempo, mostrando empatía y consideración sin perder su sentido de identidad.

Además, en un mundo cada vez más consciente de la equidad de género, la caballerosidad moderna no es vista como una serie de comportamientos que exigen algo a cambio, sino como una muestra de respeto que puede ser recíproca. Esto significa que tanto hombres como mujeres pueden asumir actitudes caballerosas sin sentir que están cayendo en roles anticuados o paternalistas.

El lado negativo de la caballerosidad en las redes sociales

En la era digital, las redes sociales se han convertido en un espacio central para la interacción humana, transformando la manera en que las personas se conectan y relacionan. Dentro de este entorno, han surgido dinámicas complejas en torno a la validación y las expectativas de género. Un fenómeno que ha ganado notoriedad es el de los llamados SIMPs, un término que se utiliza para describir a hombres que, según esta perspectiva, exhiben una sumisión excesiva hacia las mujeres, especialmente en plataformas en línea, a menudo en busca de aprobación o reconocimiento. Este comportamiento está estrechamente relacionado con el tipo de validación que muchas mujeres buscan en las redes sociales, creando un ciclo que afecta tanto la percepción masculina como femenina de las relaciones de pareja.

El término SIMP se deriva del inglés y es una abreviación de "Simpleton", aunque en la cultura popular contemporánea ha tomado un significado diferente. Se refiere a hombres que demuestran una devoción o sumisión excesiva hacia las mujeres, con la esperanza de recibir atención o afecto, aunque esta atención rara vez se materializa en reciprocidad. En muchos casos, los SIMPs se perciben como hombres que elevan a las mujeres, a menudo idealizándolas, a cambio de migajas de reconocimiento, como un "me gusta" en una foto o un comentario superficial.

Este término ha ganado popularidad en las redes sociales y, aunque se utiliza a menudo en tono de broma o como una crítica humorística, refleja un comportamiento real que muchos identifican en sí mismos o en otros. Los SIMPs suelen ser vistos como personas que sacrifican su dignidad o autovalor para intentar ganar el favor de mujeres que, a menudo, no están interesadas en ellos de manera romántica.

Las redes sociales, como Instagram, TikTok o Twitter, han creado un espacio donde la validación externa se convierte en una parte central de la experiencia. Para muchas personas, los "me gusta", comentarios y seguidores son una forma tangible de medir el valor personal o el atractivo, y esta búsqueda de validación puede afectar profundamente cómo las personas se perciben a sí mismas y a los demás.

En este contexto, algunas mujeres utilizan las redes sociales no solo como una forma de conectar con amigos y compartir su vida, sino también como una plataforma para obtener validación externa en forma de atención masculina. Publicar fotos atractivas, videos y actualizaciones de estado puede ser una manera de generar una respuesta positiva que refuerce su autoestima y confianza. Los SIMPs entran en juego aquí, ya que a menudo son los que más activamente proporcionan esa validación.

Los SIMPs suelen inundar las publicaciones de mujeres con comentarios elogiosos y "me gusta", alimentando un ciclo de atención en el que las mujeres reciben una dosis constante de refuerzos positivos. Este tipo de comportamiento puede generar una distorsión en la percepción de las interacciones sociales y de género. Si un gran número de hombres actúa de esta manera, las mujeres pueden llegar a esperar que todos los hombres respondan con el mismo nivel de devoción y atención, lo que puede afectar la manera en que ven las relaciones románticas fuera de las redes sociales.

La relación entre los SIMPs y la búsqueda de validación en redes sociales tiene un impacto directo en cómo tanto hombres como mujeres perciben y se comportan en sus relaciones románticas. Para las mujeres, este constante flujo de atención puede crear expectativas poco realistas sobre lo que deberían esperar en una relación. Si están acostumbradas a recibir validación constante y sin condiciones de parte de muchos hombres en línea, pueden desarrollar una percepción distorsionada de lo que es una relación sana y equilibrada, donde el afecto y la atención se construyen de manera recíproca.

Para los SIMPs, este tipo de comportamiento puede ser perjudicial para su autoestima y confianza en el mundo real. Al invertir grandes cantidades de tiempo y energía en ofrecer atención y validación que no es correspondida, los SIMPs a menudo terminan frustrados y decepcionados, lo que puede afectar negativamente su percepción de las mujeres y de las relaciones románticas en general. Esta dinámica crea un ciclo de resentimiento, donde los hombres que inicialmente buscan aprobación a través de la sumisión pueden volverse cínicos y hostiles hacia las mujeres cuando sus esfuerzos no son recompensados.

Este ciclo puede llevar a problemas en las relaciones de pareja. Las mujeres, acostumbradas a recibir atención sin límites, pueden esperar lo mismo en una relación romántica, lo que puede ser agotador o insostenible para una pareja. Del mismo modo, los hombres que actúan como SIMPs en línea pueden tener dificultades para construir relaciones saludables y equilibradas en el mundo real, donde el respeto mutuo y la reciprocidad son fundamentales.

Tanto los hombres como las mujeres involucradas en estas dinámicas pueden experimentar efectos negativos en su autoestima y autoconcepto. Para las mujeres, aunque la validación constante en línea puede parecer positiva al principio, también puede generar una dependencia insana de la atención externa. Esta búsqueda de aprobación puede convertirse en una fuente de ansiedad si las mujeres comienzan a definir su valor personal únicamente a través del feedback que reciben en línea.

Por otro lado, los SIMPs, al poner en juego su autoestima en la validación que proporcionan a las mujeres, pueden terminar con sentimientos de inadecuación y rechazo cuando sus esfuerzos no son correspondidos. Esta dependencia de la atención femenina puede afectar su capacidad para establecer límites saludables y su propio sentido de valor fuera de la interacción en línea.

El término SIMP ha sido objeto de críticas por ser reduccionista y estigmatizar a los hombres que muestran afecto o apoyo hacia las mujeres. Si bien es cierto que algunos hombres pueden caer en la sumisión excesiva en busca de validación, también es importante reconocer que muchos hombres simplemente desean ser amables y respetuosos. La línea entre el apoyo genuino y la idealización sumisa puede ser difícil de definir, y el uso del término SIMP puede llevar a la confusión y la descalificación de comportamientos saludables de amabilidad y afecto.

Al mismo tiempo, las mujeres que buscan validación en línea también enfrentan críticas, ya que muchas son acusadas de "manipular" o aprovecharse de la atención de los hombres sin ofrecer reciprocidad. Es crucial entender que el uso de las redes sociales y la búsqueda de validación son comportamientos comunes en la era digital, y no necesariamente implican una mala intención.

La relación entre los SIMPs y la validación que buscan algunas mujeres en redes sociales refleja una dinámica compleja de género y autoestima en la era digital. Ambas partes se ven atrapadas en un ciclo donde la validación externa y la sumisión parecen jugar un papel central en cómo interactúan entre sí y cómo perciben las relaciones de pareja.

Para que tanto hombres como mujeres puedan construir relaciones más saludables y equilibradas, es necesario replantear estas dinámicas, promoviendo una mayor conciencia sobre el valor personal que no depende de la validación en línea y fomentando la reciprocidad y el respeto mutuo en las interacciones románticas. Las redes sociales seguirán siendo un espacio importante para la interacción humana, pero es fundamental que las expectativas se basen en la autenticidad y no en estereotipos y comportamientos de sumisión o manipulación.

La caballería en los tiempos modernos

La caballería, aunque suele asociarse con el período medieval, ha evolucionado y se ha adaptado a lo largo de los siglos, manteniendo su relevancia en la sociedad contemporánea. Los ideales de la caballería, en particular los relacionados con el trato a las mujeres y las nociones de honor y virtud, han sido reinterpretados en contextos modernos.

Su influencia se puede ver en varios aspectos de la cultura moderna, desde la literatura y el cine hasta las normas sociales. La imagen romántica de los caballeros y sus misiones sigue cautivando al público, y muchas novelas y películas contemporáneas se inspiran en temas caballerescos. Estas representaciones, aunque no siempre son históricamente precisas, contribuyen a la fascinación actual por el concepto de caballería y sus ideales de heroísmo y nobleza.

El ideal caballeresco de servir al bien mayor ha inspirado los movimientos modernos en pro de la justicia social. La noción de que los individuos deben utilizar sus privilegios y poder para ayudar a los demás está en sintonía con el deber caballeresco de proteger a los débiles y vulnerables. Esta conexión pone de relieve cómo los valores caballerescos se han adaptado a la dinámica social contemporánea, promoviendo un sentido de responsabilidad hacia el bienestar de la comunidad.

En las relaciones personales, los principios del amor cortés, que enfatizan el respeto, el afecto y el apoyo mutuo, todavía se pueden observar en las normas de las citas modernas. El énfasis en tratar a las parejas con dignidad y cuidado refleja el impacto duradero de los ideales caballerescos en la conducta y las relaciones personales.

A pesar de sus asociaciones positivas, el ideal caballeresco ha enfrentado críticas en el discurso moderno. La visión tradicional de la caballería, especialmente su papel en la protección de las mujeres ha sido examinado por su potencial capacidad para perpetuar estereotipos de género. Las perspectivas feministas sostienen que, si bien la intención detrás de la caballería puede ser noble, puede reforzar inadvertidamente una narrativa en la que las mujeres son vistas como damiselas que necesitan rescate, socavando así su capacidad de acción.

La caballerosidad y la construcción de relaciones saludables

Uno de los aspectos más significativos de esta evolución de la caballerosidad es su papel en la construcción de relaciones saludables. En la sociedad contemporánea, donde el individualismo y la autonomía personal son altamente valorados, la caballerosidad puede desempeñar un papel importante en la creación de vínculos basados en el respeto mutuo, la comunicación abierta y la colaboración equitativa.

En lugar de ser vista como una reliquia del pasado, la caballerosidad renovada puede ayudar a forjar relaciones más equitativas y gratificantes, donde los gestos de cortesía y amabilidad no se interpretan como formas de superioridad, sino como expresiones de aprecio y cuidado. De esta manera, la caballerosidad se convierte en una herramienta para fortalecer las conexiones humanas en lugar de reforzar las desigualdades de género.

Caballerosidad VS Cortesía

La caballerosidad y la cortesía son conceptos que a menudo se utilizan de manera intercambiable, pero tienen diferencias fundamentales en su significado y aplicación. Mientras que ambas implican comportamientos que denotan respeto y consideración hacia los demás, la caballerosidad tiene un enfoque específico en la relación entre el hombre y la mujer, arraigado en normas históricas y sociales, mientras que la cortesía es un comportamiento general de buen trato que se extiende a todas las personas, sin distinción de género. En este apartado final, exploraremos estas diferencias, su origen, y cómo se manifiestan en la actualidad.

- **Origen y definición de la caballerosidad**

Como hemos citado en capítulos anteriores, la caballerosidad tiene sus raíces en la Edad Media, cuando los caballeros eran figuras prominentes que representaban un código de conducta estricto. Este código no solo abarcaba habilidades marciales y lealtad al señor feudal, sino también un comportamiento honorable hacia las mujeres, que implicaba protección, deferencia y respeto. Este trato especial estaba vinculado a la idea de que las mujeres debían ser cuidadas y resguardadas, ya que eran percibidas como más vulnerables y necesitadas de la protección masculina.

A lo largo de los siglos, este concepto de caballerosidad evolucionó, pero conservó su enfoque en el trato del hombre hacia la mujer. Gestos como ofrecerle un pañuelo a la dama, u ofrecerle el abrigo, pagar la cuenta en una cita o ceder el asiento son ejemplos clásicos de comportamientos caballerosos que aún prevalecen en la cultura contemporánea. Aunque estos actos pueden considerarse una expresión de respeto, también están basados en la presunción de que la mujer, de alguna manera, requiere un trato especial o diferenciado del que se otorgaría a un hombre.

La caballerosidad, en este sentido, puede ser vista como un comportamiento que mantiene ciertos roles de género tradicionales, en los cuales el hombre es el protector y la mujer es la protegida. Aunque muchos de estos gestos pueden parecer amables y respetuosos, han generado debates en el contexto de la igualdad de género. Algunas personas ven la caballerosidad como una forma de condescendencia o paternalismo, mientras que otras valoran estos gestos como expresiones de educación y respeto.

• **Origen y definición de la cortesía**
Por otro lado, la cortesía es un concepto más amplio que no está restringido por el género o los roles tradicionales. La cortesía se refiere a la práctica de

mostrar consideración, amabilidad y respeto hacia todas las personas, independientemente de su género, estatus o relación. Su origen proviene de las normas sociales que regulaban el comportamiento en las cortes reales y aristocráticas, donde se esperaba que las personas siguieran ciertas normas de etiqueta y buen trato en sus interacciones cotidianas.

Hoy en día, la cortesía se manifiesta en pequeñas acciones diarias que muestran respeto y consideración por los demás. Estos gestos incluyen decir "por favor" y "gracias", esperar pacientemente en una fila, ceder el paso, ayudar a alguien que lo necesita o simplemente saludar de manera amable. La cortesía no tiene una inclinación particular hacia ningún género ni sugiere que una persona deba ser tratada de manera diferente debido a su sexo. En su esencia, la cortesía se basa en un sentido de respeto mutuo y la idea de que todos merecen ser tratados con dignidad.

Así mismo, ser cortés ofrece control emocional, ya que, ante injurias, la persona puede medir su ira y responder con serenidad.

Diferencias clave entre caballerosidad y cortesía

Enfoque en el género: La caballerosidad está centrada en el trato del hombre hacia la mujer. Tiene una fuerte base histórica en los roles de género tradicionales, donde el hombre actúa como protector y la mujer es vista como la persona a ser protegida o asistida.

La cortesía, por su parte, es neutral en cuanto al género. Se aplica a cualquier persona y no presupone que alguien deba recibir un trato especial basado en su sexo. Es una manifestación general de respeto y buenos modales hacia todos.

Intención subyacente: La caballerosidad implica una intención protectora o servicial del hombre hacia la mujer. Aunque puede nacer de un deseo de ser considerado, también refleja una percepción tradicional de la relación entre los géneros.

La cortesía, en cambio, se basa en una intención más amplia de respeto hacia todos. No asume que alguien necesita más o menos atención en función de su género, sino que todos merecen ser tratados con dignidad.

Normas sociales tradicionales vs. contemporáneas: La caballerosidad, como se mencionó anteriormente, se basa en normas sociales más antiguas que han sido cuestionadas en la era moderna, especialmente en el contexto del feminismo y los movimientos por la igualdad de género. Si bien muchos aprecian estos gestos, otros consideran que perpetúan roles de género desiguales.

La cortesía, por otro lado, sigue siendo un valor universalmente apreciado en la sociedad

La visión del feminismo radical sobre la cortesía

En cuanto a la cortesía, que es más general y no se centra en el trato específico entre hombres y mujeres, las feministas radicales tienden a ser menos críticas, ya que la cortesía es un comportamiento que se aplica a todas las personas por igual. Sin embargo, incluso aquí puede haber matices. Por ejemplo, un hombre que ofrece ayuda de manera "excesiva" a una mujer puede ser interpretado como alguien que está actuando bajo la premisa de que ella no puede resolver problemas por sí misma.

Para el feminismo radical, lo importante no es tanto el gesto en sí, sino la intención y el contexto. Si el acto de cortesía se basa en un supuesto de desigualdad o en la creencia de que las mujeres son inherentemente diferentes y más vulnerables que los hombres, puede ser rechazado como una forma de reafirmar esas diferencias.

Consecuencias en el comportamiento masculino

La crítica hacia la caballerosidad por parte de sectores del feminismo radical ha tenido un impacto notable en el comportamiento de muchos hombres. Estos impactos pueden variar según el entorno y el grado de exposición a las ideas feministas. Algunas de las principales consecuencias incluyen:

Confusión e incertidumbre en las interacciones sociales: Muchos hombres hoy en día se encuentran en una encrucijada, sin saber si ciertos gestos de cortesía o caballerosidad serán bien recibidos o malinterpretados. El simple hecho de abrir una puerta o ceder un asiento puede causar incertidumbre, ya que los hombres no desean parecer condescendientes, irrespetuosos o SIMPs. Esta situación ha llevado a que algunos opten por evitar estos actos tradicionales por completo, temiendo una reacción negativa. Por ejemplo, el piropo o halago callejero ha desaparecido, por temor a que la mujer lo denuncie por acoso.

Autocensura y retraimiento: Ante la crítica de la caballerosidad, algunos hombres han optado por una autocensura en su comportamiento, prefiriendo no interactuar con las mujeres de maneras que antes se consideraban educadas o apropiadas. Esta autocensura puede derivar en un retraimiento social, en el que algunos hombres se sienten menos inclinados a ofrecer ayuda, ya sea por miedo a ofender o por la idea de que su gesto será interpretado como un intento de imponer superioridad.

Redefinición del respeto y los buenos modales: En algunos casos, la crítica feminista ha llevado a una redefinición del respeto y la cortesía en las relaciones entre hombres y mujeres. Cada vez más, se busca un trato igualitario y basado en el respeto mutuo, sin gestos que refuercen los roles de género tradicionales. Por ejemplo, en lugar de ofrecer un asiento o abrir una puerta específicamente para una mujer, se enfatiza la idea de ser cortés con todos, independientemente del género.

Polarización de los comportamientos: Por otro lado, esta crítica también ha generado una reacción opuesta en ciertos grupos de hombres, que rechazan abiertamente las ideas del feminismo radical y defienden la caballerosidad como un valor positivo y como parte de su identidad masculina. Este rechazo a la crítica feminista puede llevar a la polarización, donde algunos hombres ven en la caballerosidad una forma de reafirmar sus creencias tradicionales sobre el rol del hombre en la sociedad.

Repercusiones en las relaciones entre hombres y mujeres

El debate sobre la caballerosidad ha generado tensiones en las relaciones entre hombres y mujeres, particularmente en contextos sociales y laborales. Algunos hombres pueden sentirse desanimados al intentar interactuar con mujeres, temiendo que sus gestos sean malinterpretados, mientras que algunas mujeres pueden ver estos cambios como una pérdida de cortesía o incluso como una falta de respeto.

Por otro lado, muchas mujeres que no se identifican con el feminismo radical pueden seguir apreciando los gestos caballerosos y lamentar la disminución de estos comportamientos en el día a día. Esto puede crear una desconexión entre lo que algunos hombres creen que es lo correcto (evitar comportamientos que puedan ser vistos como paternalistas) y lo que algunas mujeres valoran en sus interacciones con los hombres.

La crítica feminista radical hacia la caballerosidad ha puesto de manifiesto las tensiones existentes entre los roles de género tradicionales y los ideales contemporáneos de igualdad. Mientras que para algunos estos gestos son una expresión de respeto y amabilidad, para otros son una perpetuación de dinámicas de poder que deben ser desmanteladas. Las consecuencias en el comportamiento masculino varían, desde la autocensura hasta el rechazo de estas ideas, creando un panorama complejo en las relaciones entre hombres y mujeres.

En última instancia, el reto es encontrar un equilibrio en el que los hombres puedan mostrar respeto y amabilidad sin caer en patrones que refuercen estereotipos de género desiguales, y donde tanto hombres como mujeres se sientan valorados y respetados en sus interacciones diarias.

Reflexiones finales: ¿El fin o el renacimiento de la caballerosidad?

El debate sobre si la caballerosidad ha llegado a su fin o está experimentando un renacimiento refleja las tensiones más amplias entre la tradición y el cambio social. Mientras que algunos consideran que la caballerosidad, en su forma tradicional, está obsoleta en una sociedad que valora la igualdad de género, otros argumentan que sus principios esenciales pueden ser actualizados para adaptarse a los valores contemporáneos.

Desde una perspectiva sociológica, la caballerosidad no ha desaparecido por completo; simplemente ha cambiado de forma. En lugar de adherirse a normas rígidas de comportamiento basadas en el género, la caballerosidad moderna se basa en el respeto mutuo, la empatía y la reciprocidad. Así, lejos de ser un concepto moribundo, la caballerosidad está encontrando nuevas formas de manifestarse en la sociedad contemporánea.

En última instancia, el futuro de la caballerosidad dependerá de nuestra capacidad para adaptarla a las nuevas realidades sociales. Si bien las estructuras patriarcales que alguna vez sustentaron la caballerosidad tradicional están en declive, los valores de cortesía, respeto y apoyo mutuo siguen siendo relevantes y necesarios en las relaciones humanas.

———†———